KB053468

데
린
쿠
유

데린쿠유

초판 1쇄 발행 2019년 6월 27일

지은이 안지숙
펴낸이 강수걸
편집장 권경옥
편집 윤은미 이은주 강나래
디자인 권문경 조은비
펴낸곳 산지니
등록 2005년 2월 7일 제333-3370000251002005000001호
주소 부산시 해운대구 수영강변대로 140 BCC 613호
전화 051-504-7070 | 팩스 051-507-7543
홈페이지 www.sanzinibook.com
전자우편 sanzini@sanzinibook.com
블로그 http://sanzinibook.tistory.com

© 안지숙
ISBN 978-89-6545-606-3 03810

안지숙
장편소설

데린쿠유

큰 지하도시에 틀어박히면
어떤 위협에서도 무한정 멀어질 거야

산지니

차례

아르바이트 할래?

　현수는 계단을 내려가면서 머리를 헝클었다. 다솜을 의식해서 머리를 감고 드라이어로 말리고 빗질까지 한 건 아니었다. 아닌데, 그렇게 보이기 싫었다. 방심했다간 또 안 감독한테 다솜바라기니 뭐니 하는 헛소리를 들을 수 있었다. 다솜은 안 감독의 헛소리를 농담으로 받아들이는 눈치였다. 현수도 농담으로 받아들이긴 했으나 피곤했다.

　현수는 사소한 일에도 금방 피곤해졌다. 뚱뚱한 사람들은 아무래도 그런 경향이 있다. 같은 일을 해도 표면적이 넓어 에너지가 상대적으로 많이 소비되기 때문일 것이다. 에너지가 딸리면 상대적으로 스트레스를 많이 받기 마련이다. 언젠가 위키에도 그렇게 작성해 넣었다. 현수가 작성한 위키의 글을 읽고 누군가 편견이라고 여겼다면 비웃거나 수정을 했을 것이다.

　2층 철공소 문 앞에 멈추어 선 현수는 배를 두드려 가스를 내보냈다. 속이 더부룩했다. 햄 때문이었다. 아침에 일어나보니 먹을 거라곤 식탁에 놓인 토스트 몇 장뿐이었다. 경술은 그걸 식사라고 던져놓고 또 근린공원에 나갔는지 보이지 않왔다. 이번 주 집안일 당번은 경술이었다.

아들을 굶겨죽일 작정이군.

현수는 툴툴거리며 냉장고를 뒤졌다. 먹을 만한 게 햄 덩어리밖에 없었다. 전자레인지는 고장 났고, 프라이팬에 굽자니 귀찮았다. 결국 차가운 햄을 굽지도 않고 빵과 함께 꾸역꾸역 먹었다. 조금 남은 걸 냉장고에 도로 넣자니 번거로워 다 먹어치웠다. 그러지 말 걸 그랬다.

철공소 문을 열고 들어가면서 다솜이 앉아 있는 것을 곁눈질로 확인했다. 다솜의 자리는 화장실과 가까운 오른쪽 구석이었다. 자리가 화장실과 가깝다는 이유로 다솜은 다른 입주자들과 달리 회비를 10만 원만 냈다. 페이스북에서 입주자 구하는 글을 봤다면서 다솜이 철공소로 직접 찾아온 날 그렇게 하기로 했다.

"여자분이네요."

다솜을 본 순간 현수는 난색을 표했다.

"여자는 받지 않나요?"

"그건 아닌데, 화장실 옆자리라서요."

지난 4년간 화장실 옆자리에 여자가 한 달 이상 앉은 적이 없었다. 풀 네임이 철학공작소인 철공소는 애니메이션, 시나리오, 소설, 그림책, 웹툰 작업을 하는 사람들이 돈을 아끼기 위해 공동으로 사용하는 작업실이었다. 일 년에 한 번 제비뽑기를 해서 자리를 정했는데, 화장실 옆자리에 여자가 걸리면 며칠 후 슬그머니 자리를 뺐다.

"잠시만요."

다솜이 안으로 불쑥 들어서는 바람에 현수는 뒤로 물러섰다.

"저 자린데요. 누가 화장실 사용하면 소리가 좀……."

"저기 앉으면 회비 깎아주나요?"

그게 작년 11월 둘째 주였으니 석 달 전이었다.

회비를 3만 원 깎고 들어온 다솜은 일주일도 안 돼 철공소를 평정했다. 입주 닷새 만인 목요일 오전, 철공소 단톡방에 다솜의 글이 올라왔다. '행동방침 공지'라는 제목까지 버젓이 달린 글이었다.

첫째, 통화는 반드시 건물 계단을 내려가 출입문 밖에서 합니다.

둘째, 음악은 각자 이어폰을 통해서만 듣습니다.

셋째, 한 달에 한 번 모두가 참석 가능한 날을 골라 회식을 합니다.

세 가지 행동방침을 입주자 전원이 확인한 뒤에도 답글이 붙지 않았다. 평균연령 30대 초중반인 입주자들에게 다솜이 시건방진 막내로 찍힐까 봐 현수는 내심 걱정스러웠다. 그렇다고 관리자인 자신이 섣불리 나설 수는 없었다. 철학공작소, 일명 철공소라는 작업실 별칭부터 스물네 시간 문을 열어둔다는 원칙까지, 지난 4년간 철공소의 기본 운영방침은 입주자들이 스스로 정했다. 오후 내내 정적이 흐르던 채팅방에 안 감독의 답글이 올라왔다.

─그럽시다. 첫째 둘째는 규칙이 아니고 기본이지요. 세 번

째 회식 건은 찬성!

현수는 소심한 가슴을 쓸어내렸다.

—셋 다 접수. 회식 날짜는 몇째 주 무슨 요일에 하면 좋을까요?

박은주가 회식에 적극적으로 반응했다. 다솜이 들어오기 전까지 유일한 여자여서 불편한 게 있었던지 박은주는 다솜이 들어온 것을 반겼다. 현수는 안 감독과 박은주를 비롯해서 당돌한 신참을 수용해준 입주자들이 고마웠다. 물론 더 고마운 건 다솜이었다.

그즈음 작업실 분위기가 다소 시끄럽고 산만하긴 했다. 분위기가 자유롭고 편하다고 무조건 좋은 게 아니었다. 입주자들이 예술 하는 사람들이라 자유로운 분위기가 좋긴 한데, 그게 또 지나치면 작업이 안 된다며 자리를 빼는 사람이 나왔다. 입주자가 빠져나가면 누군가 그 자리를 채울 때까지 현수의 용돈이 줄었다.

양명대교 건너편 K디지털역 근처에 '소오강호'니 '아트앤스터디'니 하는 최신식 공동 작업실이 생기면서 입주자를 구하는 게 예전 같지 않았다. 작업실 위치를 묻는 질문에 양명시 원천동이라고 대답하면 다음에 연락하겠다며 전화를 끊었다. 원천동은 일상생활권이 서울시에 걸쳐 있을뿐더러 K디지털역에서 도보로 15분 거리라고 강조해도 심리적으로 멀게 여기지는 듯했다. 경술은 생활비와 현수의 용돈을 1층의 일층치킨과 2층의 공동 작업실 월세로 해결했다. 경술철학원으로 찾아오는 사람들에게서 받는 돈은 따로 꿍쳐두었다.

아무튼 그날 이후 철공소에 흐르던 음악소리와 통화소리가 사라졌다. 매달 마지막 주 수요일에 하기로 결정된 회식은 작년 11월과 12월, 그리고 지난달까지 세 차례 빼놓지 않고 했다. 세 번째 회식 날 다솜은 철공소에 쓰나미급 충격을 몰고 왔다.

—이번 달부터 회식 회비는 내지 않아도 됩니다. 남은 공용 회비로 충당!!

다솜이 단톡방에 올린 글을 맨 처음 읽은 박은주가 벌떡 일어나서 외쳤다.

"회비가 남았다고?"

이 놀라운 사실 앞에 사람들은 다들 입을 다물지 못했다. 철공소에서는 매달 만오천 원씩 회비를 내서 공용으로 사용했는데, 돈이 남은 전례가 없었다. 회식 회비를 거두지 않은 그날 저녁 공용탁자에는 저번 달과 마찬가지로 반반치킨 하나와 귤과 땅콩과 아몬드, 1.6리터 맥주 페트병이 네 개 놓였다. 각자 먹다 남은 과자며 빵 쪼가리를 있는 대로 갖다놓아서 회식자리가 푸짐했다.

"그러니까 이걸 공용회비에서 남은 돈으로 샀다는 거잖아?"

경이로운 눈으로 쳐다보는 사람들을 둘러보며 다솜이 닭다리 하나를 집어 들었다. 신참 막내가 감히 닭다리를… 하는 표정으로 다솜을 쏘아본 건 남자 막내인 웹툰뿐이었다.

"당연한 거 아니에요?"

다솜은 단단해 보이는 이로 닭다리를 뜯으며 말했다. 앞니 두 개가 유난히 큰 다솜의 작은 얼굴은 애니메이션에 나오는 성깔 있는 토끼를 연상시켰다. 반반치킨 하나를 너끈히 먹어 치울 수 있는 현수는 땅콩과 아몬드만 얌전히 씹었다. 회비 없는 회식을 이뤄낸 '능력자 다솜'을 칭송하는 사람들과 달리 현수는 놀라지 않았다. 남들 몰래 수줍어하며 다솜을 눈여겨 봤기 때문에 공용회비가 어떻게 절약되는지 알고 있었다.

다솜은 철공소에 필요한 게 있으면 슬리퍼를 끌고 길 맞은 편 편의점으로 가는 입주자들하고는 자세부터 달랐다. 다솜은 철공소에서 가장 많이 소비되는 화장지와 커피를 옥션이나 위메프에서 구매했다. 주말특가 기간에 할인쿠폰을 사용해서 결제한 영수증 금액은 편의점 가격의 절반 정도였다. 12월 초, 다솜이 정수기를 들여놓으면서 물처럼 빠져나가던 생수 비용이 대폭 절약됐다. 프린트기 토너를 교체할 시점에서 무한리필로 바꾸는 용단을 내린 것도 다솜이었다. 아무도 거들떠보지 않아 비닐을 뒤집어쓴 채 굴러다니는 여행잡지와 시사주간지를 끊은 것은 말할 필요가 없다.

다솜은 명실상부 철공소의 총무였다. 관리자로서 총무 일을 하는 다솜에게 밥을 한 끼 사야 되는 거 아닐까. 현수는 진작부터 생각했다. 밥을 산다면, 가볍게 사는 점심보다 맥주도 한 잔 곁들일 수 있는 저녁이 나았다. 그런데 저녁 시간에 다솜과 둘이서 나가면 안 감독이든 누구든 반드시 같잖은 농담을 던질 것이고, 현수는 피곤해질 거였다. 역시 점심을 사는 편이 낫겠다고 현수는 생각했다. 계속 생각만 했다. 110킬로의 살덩어리로 존재하는 스물여덟 살의 남자가 스물다섯 살의 예쁘고 귀여운 그림책 작가에게 밥을 먹자고 말을 거는 건 쉬운 일이 아니었다.

방한용 조끼를 입은 다솜이 자리에서 일어섰다. 겨울 내내 입고 다니는 방한용 조끼 차림의 다솜은 여고생 같기도 하고 어린 새댁 같기도 했다. 머그잔을 들고 정수기 쪽으로 가는 다솜을 쳐다보다가 현수는 고개를 숙였다. 파티션 위로 솟은 정수리 부분에 다솜의 눈길이 느껴졌다. 다솜에게 자신이 묵직한 햄으로 보일지 모른다는 불안이 목덜미에 앉은 살처럼 현수를 눌렀다.

햄(Ham)은 돼지 뒷다리살의 영어식 표현이다.

현수는 '햄'의 사전풀이를 읽고, 검색창에 질문을 써넣었다. 햄은 무엇으로 만드나. 원료를 묻는 질문을 던졌는데 햄이 만들어지는 과정에 대한 글이 맨 위에 떴다. 클릭하자 햄 공장을 견학하고 쓴 블로거의 글이 열렸다. 거대한 냉장고 같은 원료 창고에서 방진복을 입은 직원들이 돼지앞다리를 손질하는 장면이 사진으로 올라와 있었다. 블로거가 잘못 본 게 아니면, 오늘 아침에 너무 많이 먹어서 속을 더부룩하게 만든 햄은 돼지 뒷다리살로 만든 것일 수도 있고, 돼지 앞다리살로 만든 것일 수도 있다. 현수는 위키로 들어가서 햄을 검색했다.

돼지 뒷다리살로 만드는 가공 보존식품도 햄(Ham)이라고 한다. 돼지 뒷다리살을 통째로 소금에 절여서 훈연해 겉을 익힌 뒤 통풍이 잘 되는 건조한 곳에서 발효시켜 만든다.

흠, 현수는 고개를 끄덕이곤 햄의 대문자를 구글 검색창에 적어 넣었다. 돼지 뒷다리살로 만드는 가공 보존식품'도' 햄(Ham)이라고 했으니, 다른 햄(Ham)을 검색해보는 거였다. 눈에 걸리는 대목이나 문장, 단어를 잡아서 다음 검색으로 넘어가는 게 현수가 시간 때우기로 하는 놀이였다.

아마추어 무선(영어: Amateur Radio; HAM)은 직업이 아닌 취미 활동으로서 무선 통신을 즐기는 취미이다. 아마추어 무선은 햄(HAM)이라고도 하며, 아마추어 무선사도 햄(HAM)이라는 별명으로 불린다.

아마추어 무선통신의 역사 항목을 읽으려는데 배가 사르르 아팠다. 사르르 하고 지나가는 뱃속의 진동이 심상찮았다. 현수는 마우스를 놓고 일어섰다. 먹으면서도 햄 맛이 이상하다 싶었다. 뱃속에서 나는 소리는 설사를 예고했고, 철공소 화장실을 쓸 수는 없었다. 화장실 벽을 등지고 다솜이 앉아 있었다.
현수는 항문에 힘을 주고 조심스러운 걸음으로 철공소를 나왔다. 계단을 올라가 3층 현관문을 열었다. 거실에서 경술과 테이블을 사이에 두고 앉은 여자가 현수를 돌아보았다. 인사말을 웅얼거리며 현수는 화장실로 들어갔다. 여자는 낯이 익었다. 친척인가. 평소 경술은 사주 보러 오는 사람들을 방으로 데리고 들어갔다. 바지를 내리고 변기에 엉덩이를 걸치는 순간 어떤 장면이 머리를 스쳤다. 희미하게 감지되는 기억의 소음이 미세먼지처럼 부유하는 이 느낌은… 뭐지. 현수는 눈앞을 노려보다가 우렁찬 소리를 내며 설사를 했다.

물 묻은 손을 바지에 닦으면서 나오는 현수를 경술이 불렀다. 뭔가 못마땅한 듯한 표정이 잔소리의 조짐 같아 현수가 선수를 쳤다.

"아버지, 화장실에 수건이 없어요."

"없으면 네가 세탁기를 좀 돌리지 그랬냐."

경술이 현수에게 한마디 하고는 여자에게 반말로 말했다.

"집사람이 집에 없으니 꼴이 이렇다."

이번 주 집안일 당번은 아버지거든요. 어이가 없다는 표정으로 쳐다보는 현수의 눈길을 무시하고 경술이 말했다.

"인사해라, 세라 고모다."

웬 고모? 묻는 눈길로 현수는 여자를 보았다. 여자는 심하게 말라서 어디가 아픈 사람 같았다.

"아들놈인데 취업 준비를 하는 중이야."

여자가 잠자코 현수를 보았다. 현수도 입을 다문 채 고개를 꾸벅 숙였다.

"나가봐라. 점심은 나가서 먹고."

경술이 손을 들어 현수를 내쫓는 시늉을 했다.

"바지 좀 갈아입고요."

현수는 두 사람 곁을 지나 방으로 들어왔다.

"둘째아들인가 봐요."

방문을 열던 현수는 멈칫했다.

"첫째가 명수였죠? 첫돌 때 수건 받은 거 기억이 나요."

경술의 가슴에 칼을 꽂는 말이었다. 복임이 있었다면 복임의 가슴도 아프게 찔렸을 것이다. 경술과 복임은 아파도 아픈 내색을 하지는 않을 것이다.

"자네는 어디 직장에 나가나?"

경술이 말을 돌렸다.

"조그만 사무실에 나가고 있어요. 이제 그만두려고요."

"보자, 나보다 10년 밑이니 올해 쉰둘인가. 아직 나이도 있는데 계속 다니지 왜."

방바닥에 있던 만화책을 주워 침대에 걸터앉던 현수는 열린 문틈으로 여자를 힐긋 보았다. 여자가 고개를 현수 쪽으로 돌렸다. 여자가 현수한테 눈길을 둔 채 경술에게 말했다.

"할 일이 좀 있어요. 죽기 전에 할 일은 하고 죽어야죠."

여자의 목소리는 약간 쉰 듯한 저음이었는데, 현수는 잠깐 복임의 음성으로 착각했다. 음성이 아니라 뚝뚝한 톤이 복임의 말투를 연상시켰다. 현수는 복임의 말투를 좋아하지 않았다. 어렸을 때부터 그랬다. 높낮이가 없이 띄엄띄엄 이어지는 복임의 말투는 마음을 불안하게 했다. 복임은 자신의 아들이 엄마의 목소리에 불안을 느낀다는 것을 몰랐다.

경술과 복임은 둘이서 불행을 감당하기 위해 벽을 세웠는데 아들이 그 벽 속에 갇힐 수 있다는 생각은 못했다. 남들이 볼 때 현수는 그저 순하고 만사태평하고 살이 찐 아이였다. 부모나 친구에게 바라는 게 별로 없었고, 공부나 운동을 잘해내려는 욕심이 없었다. 교실에서도 운동장에서도 있는 듯 없는 듯 존재감 없이 굴었다. 먹을 거 앞에서는 좀 달랐다. 점심시간에 제 몫의 급식을 적극적으로 많이 챙기는 현수를 보고 한 아이가 똥돼지라고 불렀고, 똥돼지란 말이 현수의 체형과 어울리는 바람에 주위에 있던 아이들을 크게 웃겼다. 그날 이후 현수는 종종 똥돼지로 불렸다.

무디고 미련스럽고 살진 똥돼지의 이미지는 이후 현수가 재단해서 깎은 든든한 방패가 되었다. 똥돼지, 라고 할 때 사람들이 가지는 편견 덕분에 현수는 쉽게 열외로 비켜서거나 물러날 수 있었다. 자존심을 죽이고 고립감에 익숙해지면 열외라고 나쁠 것도 없었다. 성장하면서 똥돼지라는 방패는 오래된 둑처럼 자연스러워졌다. 방패 뒤에 숨어서 현수는 살의를 품고 욕을 하고 꿈을 꾸고 자위를 했다. 방패가 만병통치는 아니어서 지병처럼 마음 한구석을 차지한 불안은 어쩌지 못했다. 그 불안이 원망이나 분노 때문만은 아니었기 때문에 더 큰 불안이 현수를 에워쌌다. 겹겹이, 높이 에워싼 불안의 벽은 땅 밑으로 뿌리를 박아 현수의 방패와 함께 그를 삼키듯 가두었다.

"그게 뭔데?"

거실에서 경술의 목소리가 들렸다.

"그 애한테 해줄 게 있다니, 그게 뭔가 말이다."

경술의 말에 적의가 묻어났다. 경술의 저런 말투는 낯설었다. 경술도 그렇고 복임도 그렇고 두 사람은 현수가 듣는 데서 목소리에 날을 세운 적이 거의 없었다. 경술과 복임은 서로에게 화를 내거나 언성을 높이는 것이 현수에게 폭력이 될 수 있다고 여겼다. 현수는 만화책을 건성으로 넘기며 거실에 귀를 기울였다.

"오라버니도 참, 제가 이제 와서 무슨 욕심을 부리겠어요?"

여자가 한발 물러서는 기색으로 말했다. 오라버니, 라는 말이 낯설기도 하고 우습게 들렸다. 두 사람은 오래전부터 잘아는 사이 같았다. 고모라고 했지만 친척이 아닌 건 분명했다.

혹시 아버지 첫사랑인가.

현수는 침대에 몸을 뉘고 히죽 웃었다. 첫사랑이라는 말을 떠올리자 다솜이 눈앞에 어른거렸다. 고무줄로 머리를 동여맨 다솜은 입을 살짝 벌린 채 모니터를 보고 있었다. 다솜의 입술이 달싹였다. 다솜은 태블릿에 선을 그으면서 종종 그림책 대사를 중얼거렸다. 다솜의 입속말을 현수는 들을 수 있었다.

현수 씨.

현수 오빠.

현수야.

현수.

현수, 그냥 현수가 좋았다. 현수, 하고 부르는 다솜의 목소리를 상상하자 마음이 달떴다. 현수는 침대에서 벌떡 일어나 트레이닝 바지를 집어 들었다.

*

뭐야, 좀 기다려 주지.

철공소로 내려온 현수는 혀를 찼다.

점심 먹으러 가는 데는 뻔했다. 송화관 아니면 대원분식에 몰려가 있을 것이다. 알지만, 뒤쫓아 가기는 뻘쭘했다. 다솜이 아르바이트 때문에 오후에 나오는 날은 사람들과 어울리지 않고 따로 점심을 먹을 때가 많았다. 현수가 주로 가는 데는 원천지하철역 근처 맥도날드였다. 맥도날드를 제치고 사람들을 뒤쫓아 갔다간 순정남 스토커니 뭐니 하는 지겨운 말을 듣게 될 것이다. 현수는 가볍게 한숨을 쉬고 즐겨찾기를 해놓은 사이트로 들어갔다.

새로 올라온 웹툰은 별로 재미가 없었다. 베스트 가운데 못 본 웹툰 하나를 결제해서 처음부터 끝까지 정주행했다. 재미가 없지도 않은데 흡족지 않았다. 뭔가 미진한 것이 마음이 싱숭생숭했다. 한바탕 설사를 해서 그런지 속도 허전했다. 현수는 자리에서 일어나 창가로 갔다. 창을 열고 고개를 내밀어 길거리를 찬찬히 살핀 뒤 화장실 쪽으로 발을 뗐다. 슬렁슬렁

걸어가다가 다솜의 책상에서 조금 떨어져 섰다. 뭔가 생각거리가 떠오른 듯 이마를 톡톡 두드리던 손을 뻗어 다솜의 태블릿을 슬쩍 건드렸다. 태블릿 화면과 노트북 모니터가 동시에 밝아지며 나무늘보가 나타났다.

모니터상의 나무늘보는 나뭇가지에 거꾸로 매달려 흡족한 미소를 띠고 있었다. 오른쪽 페이지에는 덩치가 훨씬 큰 나무늘보가 부지런히 나뭇잎을 따먹는 중이었다. 거꾸로 매달린 나무늘보와 나뭇잎을 따먹는 나무늘보의 색상이 달랐다. 현수는 모니터 화면을 넘기면서 캐릭터를 구경했다. 다솜이 그리는 캐릭터는 나무늘보든 돌고래든 고양이든 다솜을 닮았다. 선이 선명하고 깔끔한데, 전체 색감은 밝고 부드럽고 따뜻했다. 이번 작업에서는 나쁜 습관을 가진 동물 캐릭터들이 등장하는 모양이었다.

화면을 다시 옆으로 젖히자 돼지가 나왔다. 식탁에 앉아 음식을 먹는 돼지였다. 오른쪽 페이지에는 간이수영장에서 노는 아이들이 있었다. 아이들이 수영을 하느라 비운 탁자에서 배가 두두룩한 돼지가 양손에 든 햄버거와 피자를 입에 넣고 있었다. 얼굴이 화끈했다. 제자리로 돌아오는데 설마, 하는 생각이 뒤통수를 치면서 따라왔다. 설마 나를 모델로 해서 그린 건 아니겠지. 현수는 정말이지 아니길 바랐다. 갑자기 배가 고파왔다. 놀랄 일은 아니었다. 감정의 동요는 늘 허기를 불렀다.

집에 올라가 봐야 먹을 거라곤 토스트용 식빵뿐이었다. 손님 앞에서 체면이 있지 경술이 밥을 해놓았을 리 없다. 현수는 계단을 내려가 지하철역 쪽으로 걸었다. 원천역까지 도보로 걸리는 시간은 15분이 채 안 됐다. 맥도날드 원천역점에 걸어 갔다가 걸어오는 게 현수가 하는 유일한 운동이었다.

이런 젠장.

맥도날드 앞에서 현수는 혀를 찼다. 트레이닝 바지로 갈아 입으면서 바지 주머니에 있던 카드지갑을 깜박한 게 생각났 다. 주머니를 뒤지자 500원짜리 하나, 100원짜리 두 개가 나 왔다. 800원짜리 아이스크림 한 개도 사 먹을 수 없었다. 혹시 철공소 사람이 와 있나, 유리문으로 맥도날드 안을 살피는데 누가 현수를 불렀다.

"여기서 뭐하니?"

돌아보니 집에서 봤던 여자, 세라가 서 있었다.

"햄버거 먹을래?"

현수의 대답을 듣지도 않고 세라가 맥도날드 안으로 들어 갔다. 현수는 옆으로 지나가는 세라를 멀뚱히 보다가 따라 들 어갔다.

"말 안 시킬 테니 편하게 먹어."

바닐라셰이크와 더블1955버거 세트를 받아 와서 앉자 세라 가 말했다. 세라에게 카드를 돌려주고 현수가 자세를 잡았다. 아까운 속 재료를 흘리지 않고 먹으려면 호흡과 자세가 중요 했다.

"잘 먹겠습니다."

턱 밑에 햄버거를 받쳐 들고 현수는 예의를 차렸다. 세라가 희미하게 웃음을 내비쳤다. 현수는 숨을 들이쉬었다가 멈춘 상태에서 한입 크게 햄버거를 베어 물었다. 양볼을 불룩거리면서 햄버거를 씹는 현수를 세라가 물끄러미 보았다. 현수는 입속에 든 것을 삼키고 나서 말했다.

"얘가 비싼 만큼 재료가 장난 아니에요. 맛있는 재료는 죄다 들어가 있어요."

세라가 흥미롭다는 표정을 지었다.

"맥도날드가 처음 생긴 해가 1955년이잖아요. 그때 맛을 그대로 살려보겠다고 내놓으면서 이름도 1955버거라 지었죠. 몇 년 전에 한정메뉴로 나왔는데, 무려 500만 개 이상이 나갔어요. 덕분에 정식메뉴로 안착했는데, 다행이죠. 먹어보면 알아요. 이 소고기 패티가 고기 맛도 남다른데 두께까지 흐뭇하잖아요. 뭐든지 오리지널에 가까운 맛이 진리예요."

현수는 위키에 직접 작성해 넣었던 내용을 읊었다. 처음 만난 사람 앞에서 이런 식으로 잘난 척을 하는 건 드문 일이었다.

"별걸 다 외우네. 머리가 좋은가 보다."

세라가 칭찬을 했다. 빈정거리는 기색이 아니어서 현수는 사실대로 말했다.

"위키에 맥도날드 베스트 파이브를 작성한 적이 있거든요."

"위키? 그게 뭔데?"

위키에 관심이 있는 건지 현수에게 관심이 있는 건지 세라가 경청하는 자세로 현수를 보았다.

"백과사전 비슷한 건데요. 눈에 보이는 모든… 아니지, 눈에 보이는 거든 보이지 않는 거든 우리가 인식하고 감지하는 모든 내용을 문서로 작성해놓은 사전이에요. 일반 사전처럼 완결된 건 아니고 계속 수정이 진행 중인 웹상의 사전이죠."

세라는 무슨 말인지 못 알아듣겠다는 시늉을 했다.

"음, 가령 맥도날드, 바닐라셰이크, 첫사랑, 명리학… 이런 것들에 대해 누구든 위키 안에 하나의 항목으로 서술을 할 수가 있다는 거죠. 사람들은 일반 사전처럼 그걸 읽고 참고를 하는데, 내용이 부족하다거나 사실과 다른 게 발견되면 그걸 발견한 사람이 자유롭게 내용을 수정할 수가 있어요. 그리고 만약 내용 중에 '맥도날드'라는 단어가 들어 있으면요. 이 단어를 클릭하는 순간 누군가 '맥도날드'라는 항목으로 작성한 문서를 볼 수 있어요. 한마디로 웹상에서 집단지성의 힘으로 만들어가는 백과사전이라고 보면 돼요."

"누구나 들어가서 글을 쓸 수 있어?"

"네, 아무나 들어가서 글을 쓸 수 있고, 사진을 올릴 수 있어요. 수정 편집도 가능하고요. 서로 만난 적도 없고 본 적도 없는 사람들끼리 같은 항목을 완성해가는 건데, 예술이죠."

현수가 예술이라고 감탄하는 위키의 시스템을 완전히는 아니어도 대충 이해를 했다는 듯 세라가 고개를 끄덕였다.

"해작질을 하는 사람도 있겠다."

"있겠죠."

수긍하면서 현수는 다시 햄버거를 크게 베어 물었다. 두 입

만에 탱크만 한 1955버거가 반 동강이 났다.

"먹고 모자라면 더 먹어."

"저기, 뭐 좀 안 드세요?"

"햄버거 먹으면 소화가 안 돼."

세라는 바닐라셰이크를 집어 들어 한 모금을 마시고 나서 말을 계속했다.

"그리고 저기, 라고 부르지 말고 고모라고 해. 현수 아버지가 나한텐 오라버니 같은 사람이야."

현수는 햄버거를 베어 물며 고개를 주억였다. 입가에 희미한 웃음기를 띠고 쳐다보는 세라의 눈길이 약간 거슬리긴 하는데, 신경을 끊었다. 한심하고 미련해 보이는 게 나쁜 것만은 아니었다. 세상살이에 덴 적이 있는 사람들은 덜떨어진 데가 있는 현수를 순진한 쪽으로 봐주기도 했다. 예전에 지하실에 사무실을 차렸던 장씨 아저씨가 그랬다. 현수가 보기에 세라도 세상살이에 덴 적이 있는 사람 같았다.

"학교는 졸업했다며? 군대는 갔다 왔어?"

현수는 기름이 번질거리는 포장지를 뭉쳐서 트레이에 내려놓고 말했다.

"4년 전에 제대했어요."

"그래? 그렇게 안 보이는데… 직장을 빨리 구해야겠네."

세라가 새삼스러운 눈으로 현수를 보았다.

"전자통신회사 한 달 다니다 때려치웠어요. 조직생활은 적성이 아니라서… 철공소에서 짱박혀 지내는 게 체질에 맞아요. 군대도 공익 떨어지지 않았으면 군필 어려웠을걸요."

무슨 복인지 현수는 공익 중에서도 꽃 중의 꽃이라는 동사무소에서 복무했다. 그리고 4년째 철공소의 형광등을 갈고 화장실을 청소하면서 명색 건물관리라는 것을 하고 있었다. 그래봐야 아버지한테 용돈 받는 백수였다.

"철공소가 뭐하는 덴데 거기서 짱박혀 지내?"

"철학공작소요. 우리 건물 2층에 있는 공동 작업실이에요."

"철학공작소라면, 거기서도 사주를 보나?"

"그 철학 말고요. 철학적으로 생각하는 사람들의 공동 작업실이라는 뜻이에요."

"철학적으로 생각하는 사람들… 멋있네."

세라가 철공소의 이름을 음미하듯 중얼거렸다.

"사람이라면 철학적으로 생각을 해야지. 내가 그걸 못 해서 사람답게 못 살았어."

세라의 뜬금없는 고백에 뭐라고 대답해야 할지 몰라 현수는 잠시 볼을 부풀리고 있다가 말했다

"우리 경술영감이 착해요. 직장 없으면 다들 사람 취급 안 하잖아요. 근데 제가 컴퓨터 앞에 종일 죽치고 있어도 별로 화 안 내요."

"알아, 착한 분이지."

세라가 고개를 끄덕였다.

"젊을 때 서울에 있는 〈곰소출판사〉라는 데서 경리를 했거든. 현수 아버지가 출판2부 팀장이었는데 동향이라고 많이 챙

겨주셨어. 내가 정말 힘들었을 때 도와주시기도 했고……."

추억에 잠겼던 세라가 가볍게 손을 마주쳤다.

"아참, 아르바이트 한번 해볼래? 출근할 필요는 없고, 그 철공소라는 데서 할 수 있는 일인데."

현수는 고개를 이쪽저쪽으로 꺾고 어깨를 움찔거렸다. 일을 해보라는 소리에 자동적으로 몸에서 거부반응이 일었다. 내키지 않은 표정으로 쳐다보는 현수에게 세라가 신용카드를 다시 건넸다.

"얘기가 좀 길어. 1955든 2955든 먹고 싶은 만큼 주문해서 먹어."

"감사합니다."

현수는 카드를 넙죽 받아 들고 일어섰다. 세라가 웃는 티를 내지 않으려는 듯 입술을 안으로 말았다. 현수는 자신이 둔감한 게 아니라 사실은 좀 뻔뻔한 타입이라는 것을 사람들이 왜 눈치를 못 채는지 의아했다. 혹시 알고도 모른 척하는 건가. 카운터 앞에서 현수는 세라를 돌아보았다.

세라는 꼿꼿한 자세로 앉아 눈을 감고 있었다. 피곤해서 눈을 감고 있는 게 아니라 뭔가 눈앞에 어른거리는 것을 피하려는 사람 같았다. 눈을 질끈 감은 채 찡그린 얼굴이 흉해 보였다. 현수는 햄버거를 받아 들고 나서도 세라의 얼굴이 원래대로 돌아올 때까지 미적거리다가 자리로 돌아왔다. 현수가 두 번째 갖고 온 더블1955버거의 마지막 조각을 삼키고 나자 세라가 입을 열었다.

"아르바이트 말인데."

세라는 머뭇대지 않고 본론을 꺼냈다.

"보수는 두둑이 줄게."

현수는 눈을 끔벅이며 세라를 바라보았다. 뭐랄까. 섬뜩하지는 않았다. 그냥 뭔가 불편하고 낯선 느낌이 세라한테서 느껴졌다.

"어떤 일인데요?"

아르바이트는, 아마도 하지 않겠지만 현수는 예의상 물었다. 햄버거를 두 개나 먹어치운 데다 무슨 아르바이트이기에 별 능력도 없는 자신을 붙들고 제안하는지 궁금했다.

"어떤 사람 실체를 밝히는 일이야. 요새는 SNS인가 뭔가가 있어서 인터넷에 올려놓으면 삼시간에 퍼진다며?"

세라가 말했다. 좀 전까지 눈을 질끈 감고 인상을 쓰던 사람이 맞나 싶어 현수는 세라를 다시 보았다. 세라는 잠깐 사이에 생기가 넘쳤다. 왜소한 몸집 때문에 어딘지 아슬아슬하던 인상이 달라 보였다.

"내가 컴퓨터가 서툴러서 그래. 글 쓰는 것도 그렇고, 어디로 들어가서 어떻게 올리는지도 몰라. 현수가 그 사람의 실체를 밝히는 내용을 써서 SNS에 올려줘. 요즘 젊은 애들, 그런 거 잘하잖아."

현수는 콜라로 입가심을 하고 나서 물었다.

"그 사람이 누군데요?"

"이번 선거에 양명시 시장 예비후보로 나온 사람이야. 누군지 알겠지?"

현수가 고개를 가로저었다.

"몰라?"

"정치에 관심이 없어서……."

정치 관련 기사는 현수가 즐겨 보는 내용이 아니었다. 근로소득세를 내지 않고 살아서 그런가, 누가 권력을 잡고 누가 얼마를 해먹는지 따위 궁금하지 않았다. 세라가 두 팔꿈치를 탁자에 대고 현수 가까이 몸을 기울였다.

"그 사람 이름은 송찬우야."

"양명시 시장 예비후보요?"

"며칠 전 예비후보로 출마 인터뷰 하는 걸 뉴스에서 봤어. 가족과 함께하는 삶을 내세우더라. 웃기지도 않지."

세라가 딱딱한 표정으로 이죽거렸다.

"왜요, 가족과 함께하는 삶. 좋은데요."

현수가 말했다.

"송찬우는……."

세라가 눈을 가느스름하게 뜨고 눈앞을 노려보았다. 현수를 보는 것 같지는 않았다.

"그 말을 해서는 안 되는 사람이거든. 가족과 함께하는 삶 같은 말은."

세라의 목소리가 조금 떨렸다.

"당선되는 데 필요하면 무슨 말을 못해요."

현수의 말에 세라가 성급히 고개를 저었다.

"나랏일 하겠다고 나서면서 가짜 간판을 내걸어서야 되겠어?"

"간판… 슬로건이요?"

"그래, 슬로건. 슬로건에는 내가 이것만은 지키고 살았다, 하는 그런 게 담겨야지. 신념이나 가치 같은 거. 아까 현수가 말한 철학 같은 거 말이야. 가족의 소중함하고는 거리가 먼 사람이 가족과 함께하는 삶을 내거는 건 사람들을 속이는 짓이야. 그것만으로도 후보 사퇴감이지."

그건 아닌 것 같았지만, 현수는 입을 다물었다.

"아무튼."

단호하게 말을 꺼낸 세라가 잠시 호흡을 고르고 나서 말을 이었다.

"아무튼 현수는 송찬우에 대한 글을 써서 양명시민들이 볼 수 있도록 해주면 돼. 한 네댓 번 정도, 현수가 봐가며 알아서 올리면 돼."

"생판 모르는 사람에 대해 제가 무슨 글을 어떻게 써요."

"조사를 하다 보면 송찬우가 어떤 사람인지 알게 될 거야."

송찬우가 어떤 사람인지 알아가고 싶은 마음이 현수는 전혀 없었다. 사람이든 뭐든 검색부터 하고 보는 현수지만 현수는 탁자에 놔둔 휴대폰을 쳐다보지도 않았다. 양명시 시장후보는 검색하는 것조차 귀찮을 정도로 진부한 항목이었다. 그보다는 세라가 송찬우라는 후보의 실체를 드러내려는 이유가 궁금했다.

"시장 후보한테 무슨 피해 당한 거 있어요? 어떻게 아는 사이인데요?"

"그 사람하고 나는… 딱 잘라 말하기가 참 그러네."

어떤 사이라고 잘라 말하기 힘든 경우라면 뻔하다.

"연인 사이였어요?"

치정다툼으로 후보사퇴. 현수의 머리 위로 말주머니 하나가 두둥 떠올랐다.

"오래전에 극단에 있으면서 친해진 사이인데……."

"연극 하셨어요?"

세라는 외모나 성격이 연극무대에 섰을 사람 같아 보이지 않았다.

"그 사람이 내 돈을 떼먹고 달아났어."

세라가 말했다.

"돈을 떼먹었다고요?"

세라는 고개를 한번 끄덕이고 팔짱을 꼈다. 팔짱을 꼈다기 보다 한기가 드는 사람처럼 자신의 몸을 감싸듯 팔을 둘렀다.

"어, 그렇다면 문제가 달라지죠. 언제 그랬어요?"

"좀 됐어. 이십육 년쯤 됐나."

"헐."

26년이면 현수가 살아온 전 생애와 거의 맞먹었다.

"떼먹은 금액이 얼마예요? 많아요?"

"2천만 원. 내가 살고 있던 집 전세금이었어."

현수는 자신이 태어나던 무렵 2천만 원이 요즘 돈으로 얼마

쯤 되는지 감이 잡히지 않았다. 아무튼 1인 가구의 전세금 정
도라면 무지하게 큰 금액은 아닐 것이다.

"저기, 있잖아요."

현수가 등받이에 기댔던 몸을 세우고 말했다.

"저기 아니고 고모."

"네, 고모! 고모가 잘 몰라서 그런데요. 송찬우가 옛날에는
어땠는지 모르지만, 시장 선거에 나온 후보라면서요?"

"그래. 양명시 시장 예비후보."

"그런 사람 잘못 건드렸다간 큰일 나요. 공갈협박죄로 걸려
들어갈 수 있어요. 그뿐인 줄 아세요. 유언비어 날조죄는 말할
것도 없고 위증죄에 선거방해죄……."

"뭘 그렇게 줄줄이 외냐. 나는 그런 거 겁 안 나."

"제가 겁이 나서 그래요. 그런 사람 잘못 건드렸다간 옴팍
뒤집어쓰고 감방에 들어갈 수 있다고요."

현수가 징징거렸다. 겁도 나지만, 글로든 뭐로든 사람을 공
격한다는 것 자체가 싫었다.

"차 사줄게."

세라가 말했다.

"저, 차 안 좋아해요."

"별일도 아니잖아. 송찬우가 어떻게 살았는지 인터넷 뒤지
면 나올 거야. 현수는 사람들이 호기심을 갖고 읽도록 내용을
일목요연하게 정리해서 올리면 돼. 없는 사실을 올리는 것도
아닌데… 위험수당 붙여서 신차 한 대 뽑아줄게."

"차 한 대… 먹는 차가 아니라 진짜 차요?"

현수가 소리를 높이자 세라가 조용히 하라고 손짓했다.

"진짜 차라니. 말도 안 돼요."

"말 돼. 예전에 경술 오라버니한테 크게 신세 진 것도 있고."

차 한 대… 차 한 대면 돈이 얼마야.

현수도 돈 욕심은 있었다. 물론 욕심낸다고 해봐야 게임머니를 마음껏 지를 수 있는 용돈 정도였다. 건물 관리를 핑계로 받는 50만 원으로 점심과 군것질과 휴대폰비와 이런저런 잡비를 해결하려니 매달 간당간당했다. 이번 달만 해도 데스티니 차일드에서 5성 차일드 소환하려고 거금 10만 원을 지르는 바람에 주머니가 허전했다. 그래도 그렇지. 아르바이트 대가로 차 한 대라니.

"그럼 우리 아버지한테 갚지, 왜 저한테……?"

"그러려고 했는데, 도대체 말을 못 꺼내게 하시네."

세라가 경술의 고집에 질린 듯 고개를 저었다. 안 봐도 알 만했다. 돈에 대해 인색하면서도 경술은 체면과 경위를 따지는 데는 추상같았다. 철학원을 운영하면서 돈이 되는 부적을 쓰지 않는 사주쟁이는 경술 말고는 없을 것이다.

"저, 그러면요."

현수는 세라의 눈치를 보며 말을 꺼냈다.

"그 차, 제가 팔아서 써도 돼요?"

눈을 끔벅이던 세라가 허를 찔린 듯 웃었다. 세라의 웃는 얼굴은 왼쪽으로 웃음이 쏠려 어딘지 균형이 무너진 것처럼 보였다.

"그럼 어디서부터 이야길 시작하나. 막상 하려니 마음이 어
지럽다."

찌푸린 얼굴을 펴고 세라가 중얼거렸다. 세라의 눈빛이 천
천히 현수에게 모였다.

사라진 송찬우

"점심 때 찾았는데, 없더라?"

세라와 헤어져서 철공소로 돌아오자 안 감독이 말을 걸었다.

"어, 잠깐 볼일 보느라……."

"송화관에서 원장님 만났어. 어떤 여자분이랑 같이 오셨는데. 원장님이 탕수육 대짜 시켜주시더라. 간만에 거하게 먹었다."

"웬일."

현수의 입에서 저도 모르게 말이 튀어나왔다.

지난 몇 년간 경술은 쓸데없이 돈을 쓴 적이 없었다. 시골 둔내리에서 따로 암자 살림을 하는 복임에게 적잖은 돈을 보내느라 경술은 쪼잔스러울 정도로 긴축살림을 했다. 네 엄마가 산골짝에다 돈을 내다버리는갑다. 경술은 복임이 달라는 대로 꼬박꼬박 돈을 보내면서 투덜거리는 소리를 했다.

세라 고모 앞에서는 돈을 펑펑 썼단 말이지.

세라 앞에서 체면을 지키려 한 것을 보면 분명히 두 사람 사이에 뭔가 있었다. 아침에 두 사람이 마주앉아 있을 때도 분위기가 묘했다. 아련한 옛사랑의 그림자…는 아니었다. 아련한 게 전혀 없는 건 아닌데, 뭔가 껄끄러운 느낌이 감돌았다.

현수는 어깨를 으쓱하고는 자리에 가서 앉았다.

노트북을 부팅시키면서 현수는 생각을 정리했다. 지금 중요한 건 차 한 대가 생길지도 모르는 아르바이트다. 모닝이나 스파크 같은 경차라도 일 년치, 어쩌면 이 년치 용돈은 된다. 세라가 요구한 건 사실 별게 아니었다. 기본 정보는 세라에게서 들었고, 현수가 밝혀내야 하는 건 송찬우의 사회적 실체였다. 누군가의 실체는 그 사람이 행한 일보다 그 일을 해내는 방식에서 밝혀지는 법. 현수는 송찬우의 프로필과 이력을 훑으면서 전체 동선을 파악하기로 했다.

〈초록지대〉 대표, 〈양명문화연구소〉 소장, 경기도 양명시 출생.

송찬우의 공식 프로필이었다. 구글과 네이버와 다음의 프로필이 비슷했다. 저 프로필이 송찬우의 진면목을 드러낼지 오히려 가릴지는 들춰보면 알 것이다. 프로필이라는 것도 일종의 방패처럼 그 사람의 진면목을 드러내기보다 감추고 숨기는 역할을 하니까 말이다.

세라 말로는, 처음 만났을 무렵 송찬우는 양명시립극단에 있었다고 했다. 사회 첫걸음을 연극연출로 시작한 사람이 양명시의 시장후보로 나섰으니, 변신과 변화의 폭이 큰 인생이었다. 연극인으로 활동한 게 워낙 오래전이어서 그런가, '송찬우'의 이름으로는 연극과 관련된 기사가 뜨지 않았다. 구글 빼기명령어로 〈초록지대〉와 〈양명문화연구소〉를 제거하고 검색해도 마찬가지였다. 4, 5페이지까지 넘겨도 연극 관련해서는 송찬우의 송자도 보이지 않았다. 세라한테서 전세금을 받아 사라진 뒤로 연극판을 뜬 모양이었다.

현수는 송찬우의 이름과 세라한테서 들은 극단 이름을 검색창에 쳤다. 〈도레미극단〉 창립공연 기사가 아카이브 형태의 뉴스 라이브러리에 떴다. 기사 끝머리에 송찬우가 서울에서 예술전문대학을 다녔고, 1991년 〈도레미극단〉을 창단했다는 소개가 붙어 있었다. 관련 기사는 전부 창립공연 '혹부리 영감'에 대한 거였다. 그리고 몇 년간의 공백기를 지나 2003년 12월 송찬우는 시민단체 대표직함을 달고 모습을 드러냈다. 단체 이름이 〈초록지대〉였다.

〈초록지대〉 기사를 검색하던 현수는 어, 하고 놀란 소리를 냈다. 프로필을 볼 때 〈초록지대〉라는 이름이 어쩐지 낯익다 싶었다. 5년 전쯤 현수는 녹색환경에 대한 글을 쓰면서 〈초록지대〉의 활동을 언급한 적이 있었다. 송찬우가 대표로 있는 〈초록지대〉는 현수가 위키에 글을 쓰면서 인용한 그 〈초록지대〉가 틀림없었다.

현수가 녹색환경에 관심을 가졌던 건 인터넷에 올라온 북극곰 사진 때문이었다. 바닷물에 떠 있는 얼음조각 위에 우두커니 선 북극곰을 보는 순간 현수는 굉장히 감정이입이 되었다. 북극곰이 화제가 되면서 기후온난화가 실시간 검색어로 떴다. 현수는 기후온난화 대책에 대해 알고 싶어 전기자동차, 녹색건축, 녹색인증 같은 항목들을 읽어치웠다. 여러 항목에서 〈초록지대〉가 연관 검색어로 링크돼 있었다. 〈초록지대〉는 몇 년 후에 국가정책으로 등장하게 될 '녹색혁명'이라는 용어를 청소년 대상의 시민교육 프로그램 이름으로 사용하고 있었다. 기획자가 송찬우라면, 그는 트렌드에 대한 촉이 대단히 좋은 사람이었다.

청소년층을 타깃으로 시민단체가 거둔 실적을 내세우며 송찬우는 2010년 지방선거에서 양명시의원으로 당선됐다. 〈양명문화연구소〉는 송찬우가 시의원이 된 이듬해 설립한 시민단체였다. 〈초록지대〉가 환경교육에 치중한 것과 달리 〈양명문화연구소〉는 문화사업 쪽으로 활동가닥을 잡은 듯했다. 송찬우가 시의원으로 있는 동안 〈양명문화연구소〉는 여러 건의 사업을 주관했다. 양명시 아티스트 페스티벌, 양명 광장 프로젝트, 로컬에서 글로벌로… 수식어를 화려하게 단 행사명들이 나열돼 있었다. 이건 좀 수상쩍다, 하는 생각이 들었다.

2014년 시의원 선거에서 송찬우는 재선에 실패했다. 뉴타운 개발로 지역 원주민들의 아우성이 자자했던 선거구에서 문화도시를 만들겠다는 공약이 달갑잖았을 것이다. 재선에 실패한 뒤 송찬우는 시민단체에 사활을 건 듯했다. 이미지 검색을 하자 모니터 화면에 〈초록지대〉와 〈양명문화연구소〉가 공동으로 주관한 행사 포스터가 수두룩하게 올라왔다. 개중 대표적인 행사가 '가족과 함께하는 초록지대 페스티벌'이었다. 세라가 빈정거리며 했던 말이 생각났다.

가족과 함께하는 삶을 내세웠더라.

현수는 송찬우가 들어가 있는 사진 사이즈를 키웠다. 행사에 참여한 아이들과 부모들 틈에서 송찬우가 이를 보이며 웃고 있었다. 웃고 있는 얼굴인데도 인상이 만만치 않았다. 세라가 알고 있는 예전의 송찬우와 지금의 송찬우는 같은 사람이 아니었다. 현수는 갑자기 자신이 없어졌다. 맥도날드에서 세라가 약속한 차 한 대에 흔들려 아르바이트를 하는 쪽으로 분위기가 잡혔을 때도 마음이 썩 내켰던 건 아니었다.

*

현수의 속마음은 발을 빼고 싶은 마음 반, 보상으로 차 한 대 값을 받고 싶은 마음 반이었다.

"정말 하실 거예요?"

아르바이트를 하기로 결정하고 나서도 다그치듯 물은 건 세라가 현수의 기세에 한발 물러섰으면 하는 마음에서였다.

"하지, 그럼."

"이십육 년이면, 아무리 원수가 졌어도 너무 오래전 일이잖아요. 전생과 마찬가진데."

"현수가 가진 전 재산을 떼먹고 달아난 사람이 세월이 흘러 눈앞에 불쑥 나타났다. 그러면 어떡할 건데?"

"저요? 저는, 포기해야죠. 어쩔 수 없잖아요. 수십 년이 지났는데."

"수십 년 세월… 별거 아냐. 인터뷰한 화면 보니까 송찬우는 그대로더라. 누군 죽을 날 받아놓은 얼굴인데……."

말버릇인가, 아니면 정말 죽을병이라도 걸린 건가. 현수는 세라를 유심히 보았다. 병색이 짙긴 해도 죽을 날 받아놓은 사람처럼 보이지는 않았다. 현수의 표정이 뭘 의미하는지 알겠다는 듯 세라가 말했다.

"끔찍하지. 나도 내 얼굴 보는 게 불편해."

세라의 말이 엄살로 들리지 않았지만 또 그렇게까지 끔찍한 것도 아니었다. 전체적으로 너무 살이 없고 너무 가늘어서 세라는 부리가 뾰족하고 눈매가 차가운 새를 연상시켰다. 새의 이미지 때문인지 세라한테서는, 외골수의 깊이랄까, 자신의 온 생을 통해 어떤 것에 집중해온 사람이 풍기는 외로운 결기 같은 것이 느껴졌다. 한 사람의 생이 어디쯤에 다다랐는지 짐작하는 데는 그다지 많은 정보가 필요치 않은 모양이다.

크으… 크… 크.

갑자기 세라가 웃는 소리를 냈다. 웃는 건지 우는 건지 기괴한 소리를 내던 세라가 입술을 일그러뜨린 채 이를 악물었다. 세라는 자세를 움직이지 않고 침묵했다. 스스로를 경멸하고 조롱하면서 조용히 악을 썼던 경험이 없었다면 현수는 세라를 정신적으로 문제가 있는 여자로 여겼을 것이다. 자신의 생에서 벗어날 수도 없고 들어앉을 수도 없을 때의 자기혐오와 자기연민이 오래전 기억 속에서 꿈틀거렸다. 마음이 아팠다. 세라도 마음이 아팠던 모양이다.

"저도 그래요. 저도, 사실 거울을 잘 못 봐요."

세라가 얼굴을 삐뚜름하게 기울인 채 현수를 보았다.

"세로로 긴 거울은 제 팔이 양쪽 다 잘려나가요. 몸통만 남으니 보기 불편해요."

무슨 소린가 싶어 눈을 가늘게 찌푸리던 세라가 픽, 웃었다.

"제가 뭘 먹고 있으면 흘깃거리는 사람들이 있어요. 저렇게 처먹으니 살이 찌지. 표정에서도 그런 소리가 들려 귀가 따갑죠. 저는 무시해요. 무시하다 보면 그냥 덤덤해져요."

이런 말까지 주절거릴 건 없는데, 생각하면서 현수가 말했다.

"화가 나지는 않니?"

세라가 물었다.

"사람들이 쳐다보는 거요?"

"뚱뚱한 거. 그렇게 뚱뚱한 체질인 거, 화가 안 나?"

"할 수 없죠. 제가 무지 먹어대니까."

무지하게 먹어대면서 뚱뚱하다는 사실에 화를 내는 건 이치에도 맞지 않았다.

"화가 나는 건 아닌데, 요즘 좀 신경이 쓰이긴 해요."

특히 다솜이 쳐다볼 때요. 뒤엣말은 속으로만 했다. 다솜이 자신의 뚱뚱한 몸을 보면서 어떤 생각을 할지 몰라 자세가 굳어질 때가 있었다.

"현수는 이목구비가 잘생긴 얼굴이야. 살 빼서 원래 얼굴이 나오면 여자들한테 인기가 많겠다."

세라의 말에 현수는 어깨를 으쓱했다.

"그 글 말인데요. 제가 써야 할 게 송찬우라는 사람의 실체를 까발리는 거잖아요."

"그게 요점이지."

"그러니까 핵심이 돈 떼먹힌 이야기잖아요. 전세금을 송찬우한테 빌려줬는데, 그 돈을 돌려받지 못한 건 확실하죠?"

"못 받았지. 송찬우가 사라졌으니까."

"혹시 차용증 같은 거 받아놨어요?"

세라는 고개를 저었다.

"그건 그렇게 중요한 게 아냐. 내가 단순히 전세금 떼인 것 때문에 이러겠니?"

현수는 말문이 막혔다. 나무늘보가 떠올랐다. 다솜이 작업하던 그림책에서 나뭇가지를 붙잡고 늘어져 있던 나무늘보처럼 세라가 자신을 붙잡고 늘어질 것 같은 예감이 들었다.

"혹시, 그 사람이 고모를 때리고 폭력을 썼어요?"

맞는 게 겁나서 돈을 빌려줄 사람 같지는 않지만, 이십 대의 세라는 순진하고 어리바리했을지 모른다.

"나는 살짝 맞아도 중상 아니면 사망이야. 누가 날 건드리겠니."

세라가 자기 말을 증명하듯 손목을 들어 보였다. 건드리면 바로 부러질 것 같긴 했다.

"세라 고모, 글을 쓰려면 제가 구체적인 사실을 알아야 해요. 송찬우가 전세금을 떼먹고 날랐다, 이십육 년이 지났다. 팩트는 지금 이 두 가지밖에 없어요. 맞죠?"

"맞아."

"전세금 떼먹은 행동이 용서할 수 없는 잘못이 될 수도 있고, 세월이 이만치 흘렀으니 덮어도 무방한 일이 될 수도 있어요. 그런데 고모가 원하는 건, 사람들이 송찬우를 파렴치한으로 여기도록 하고 싶은 거잖아요."

"그런 것도 있고⋯⋯."

세라의 미지근한 반응에 현수는 잠시 주춤했다가 말을 계속했다.

"그러니까 그 당시 상황을 정확히 말씀해주세요. 전세금을 왜 빌려줬고, 송찬우는 어째서 그 돈을 갚지 않고 달아났는지."

세라는 고개를 끄덕였다.

"아까 날 때리지 않았냐고 했는데⋯ 다시 생각하니 송찬우가 나한테 한 짓도 때린 거나 마찬가지였어. 돈을 빌려주지 않으면 안 되게끔 사람을 압박하는 거, 못 견딜 만큼 사람 마음을 힘들게 하는 것도 폭력 아니니. 그게 참⋯ 폭력이지. 이러다 내가 미치겠다 싶었으니까."

세라가 횡설수설했다. 무슨 말을 하고 싶은지는 알 것 같았다. 선택의 여지를 빼앗는 것 자체가 폭력이라는 데는 현수도 이견이 없었다.

"미치지 않으려고 내가 내 손으로 전세금을 찾아서 건넸어. 전세금을 돌려받지 못하면 우리 집이 없어지는 판인데⋯⋯."

세라가 말을 끝맺지 않고 흐렸다. 현수는 말이 다른 데로 새지 않기를 바라며 잠자코 있었다.

"주인아주머니한테 받은 돈을 그 자리에서 송찬우에게 주었어. 다 알면서……."

현수는 답답해서 세라가 더듬거리며 늘어놓는 말을 끊고 물었다.

"뭘 알았다는 건데요?"

"그가 어떤 인간이라는 거. 그리고 내가 어떤 인간이라는 거."

뭔가 사무친 표정으로 세라가 혼잣말을 하듯 중얼거렸다. 현수는 마음이 불편했다. 세라의 말에 얹힌 자책과 적의 때문이 아니라 현수 자신의 적의 때문에 불편하고 뱃속이 거북했다. 세월에 찌든 세라의 적의는 아직 뿌리가 마르지 않은 현수의 적의를 건드렸다.

"잠시만."

갑자기 쥐어짜는 소리를 내며 세라가 눈을 감았다. 얼굴을 뜯어먹는 쥐떼의 습격이라도 받은 듯 양미간을 잔뜩 찡그린 채 세라는 꼼짝하지 않았다. 1분이 지났고, 2분이 지났다. 어떤 기억 혹은 통증으로 인해 뒤틀리는 몸을 의지로 제어한 채 세라는 뻣뻣한 자세로 움직이지 않았다. 현수는 자리에서 일어서서 뭘 어떻게 해야 할지 알 수가 없었다. 세라는 느리고 깊게 들숨날숨을 쉬더니 차츰 정상적인 호흡을 했다. 세라의 얼굴이 조금씩 펴졌다.

"괜찮으세요?"

숨을 죽이고 있던 현수가 조심스럽게 물었다. 세라가 눈을 뜨고 가는 한숨을 내쉬었다.

"응, 괜찮아. 한 번씩 이래."

세라가 구부정하게 숙였던 등을 펴고 바로 앉았다.

"아, 놀랐잖아요."

현수는 자리에 털썩 앉으며 우는 소리를 냈다. 현수를 혼비
백산케 한 세라가 힘없이 웃었다. 눈이 퀭했다. 송찬우에 대한
기억을 끌어낸 것이 조금 전 세라의 증상과 무관치 않을 거라
고 현수는 짐작했다. 세라가 침을 한번 삼키고는 다시 송찬우
이야기를 꺼냈다.

"그 사람, 공연 앞두고는 연습실에 딸린 방에서 지냈어. 사
나흘에 한 번 집에 왔나. 옷가지 꺼내놓고 빨아놓은 옷이며
수건 챙기고 나면 돈 이야기를 꺼내 내 속을 긁었어. 같이 살
면 뭐하냐고. 공연 못 할 상황인 거 뻔히 알면서 이러고도 가
족이네 뭐네 하느냐고. 나중엔 하루가 멀다고 졸라대는데 내
가 방바닥에 엎드려 빌었다. 제발 좀 그만하라고……."

"그게 빌 일인가요?"

현수가 세라의 말을 끊고 끼어들었다. 세라가 얼떨떨한 표
정으로 현수를 보았다.

"공연 하고 못 하고는 극단에서 해결할 문제잖아요. 그 돈
을 내놓으라고 조르는 사람이 개념 없고 뻔뻔한 거 아닌가
요?"

"나한테는 그래도 된다고 여겼겠지. 내가 처신을 그렇게 했
어. 그래서 그랬겠지."

세라가 남 이야기하듯 말했다. 지난날의 기억 속에서 삐져 나오던 분노는 다 어디로 보냈는지 세라는 한바탕 시답잖은 수다를 떨고 나서 시들해진 얼굴이었다. 현수는 한숨을 쉬었 다. 종잡을 수 없는 건 중년 여성의 특징인가. 모를 일이었다. 현수가 잠자코 있자 세라가 말했다.

"외로워서 그랬을 거야. 외롭고, 어리석었지. 그때는."

현수는 나무늘보를 다시 떠올렸다. 외롭고 어리석었던 자 신을 비웃으면서 세라는 자신을 부정하고, 자신을 부정한 말 을 부정하면서 과거의 기억을 혼란스럽게 만들어놓는 것 같 았다.

"사람이 외로운 거, 무서워. 외로운 거나 무서운 거나 쌍 둥이 같아서 그게 그거지만… 그게 왜 무서운지 아니?"

대답을 들으려고 물은 건 아니지 싶어 현수는 잠자코 세라 를 보았다.

"외로운 게 무서운 이유는 스스로를 천대하게 만들기 때문 이야. 외로움은 스스로를 속이도록 만들어. 약하고 비굴하게 만들고 자신을 접어버리도록 만들지. 안 그럴 것 같은데 사람 이 그렇게 돼."

자신의 말을 이해할 수 있는지 묻는 눈길로 세라가 현수를 쳐다봤다. 물론 현수는 이해했다. 외로움이 무서워서 의식적 으로 무뎌지고, 꾸준히 멀어지고 무덤덤해져온 현수는 알고 있었다. 그것이 누구에게도 들키고 싶지 않은, 수치스러운 감 정이라는 것도.

*

세라가 손바닥에 부은 약을 입안에 털어 넣고서 바닐라셰이크를 한 모금 마셨다. 여위고 가는 목이 꿈틀거렸다. 알약과 캡슐이 바닐라셰이크에 섞여 식도를 지나 위장으로 흘러들어가는 모습을 그려보다가 현수가 물었다.

"송찬우 그 사람을 혹시 사랑했어요?"

말해 놓고 보니 '혹시'라는 말이 어색하게 느껴졌다. 세라가 잠깐 생각하는 표정이더니 고개를 저었다.

"외로운 사람들은 사랑을 못 해. 그냥 휘둘리지. 휘둘리다 보니 뭐가 뭔지 모르겠고, 통제도 안 되고, 마음이 불안해져. 불안해서 가슴이 두근대는 걸 사랑이라고 믿는 거지."

뭘 물어도 세라는 바로 대답하는 법이 없다. 원래 좀 피곤한 타입이든가, 아니면 할 말이 많은 사람인 듯했다.

"사랑한다고 믿긴 믿었네요?"

"사랑한다고 믿었지. 정말 사랑했는지, 겁이 나서 사랑한다고 믿고 싶었는지… 사는 게 무서웠나 봐. 젊을 때 이야기지만, 웃기지?"

웃기지 않았다.

공포의 본질은 무서움이 아니라 외로움이니까. 누가 등을 떠밀지 않아도 공포 때문에 절벽 밑으로 몸을 던지는 사람처럼, 세라는 외로움에 대한 공포로 자신의 삶을 송찬우의 꼭두

각시로 내던졌던 모양이다.

"그 전세금 말이에요. 송찬우가 그 돈을 정확히 어디에 썼죠?"

현수는 대화를 좀 정리하고 싶었다. 이러다 오후가 다 갈 판이었다.

"배우들 개런티로 나갔겠지. 개런티를 미리 주지 않으면 공연 못 한다면서 연습실에 며칠 나오질 않았대."

"배우들도 노조 같은 데 속해 있었어요?"

세라가 젊었을 적의 연극판 분위기나 공연문화에 대해 아는 건 없지만, 배우들이 공연 전에 돈을 요구하면서 사보타주를 했다는 사실에 현수는 놀랐다.

"그건 모르겠고, 뮤지컬을 하느라 여기저기서 끌어모은 배우들이었어. 도레미 단원들이라면 그렇게까지 안 했겠지."

"도레미요?"

"원래는 〈극단 길〉이라고 주로 번역극을 공연했던 극단에서 조연출을 했거든. 연출하고 뭐가 잘 안 맞았는지 거기서 나와서 〈도레미극단〉을 차렸어. 그 사람이 〈극단 길〉에 있을 때 나도 잠시 단원 생활을 했는데… 그때가 봄날이었지 싶다. 〈도레미극단〉도 첫 공연은 괜찮았어. 혹부리 영감을 올렸는데 단체관객이 많았지. 반응도 좋았고. 아동극 전문 극단이 탄생했다면서 기사도 제법 실렸어."

괜찮았던 한때를 떠올리며 잠시 아득해졌던 눈길이 현수에게 돌아왔다.

"두 번째 공연에서 패착을 했어. 애초 레퍼토리대로 아동극을 밀고 나갔으면 아무 문제가 없었을 텐데, 안 되는 쪽으로 간 거지."

창립단원 가운데 한 명이 갑자기 '프랑켄슈타인'에 꽂혀 설쳤고, 다들 거기 휩쓸렸다. 아무도 뮤지컬을 준비하는 데 들어갈 돈에 대해서는 신경 쓰지 않았다. 프랑켄슈타인에 꽂혀 설쳤던 단원이 뮤지컬대본을 썼고, 작사 작곡은 연극판 인맥을 뒤져 맡겼다. 그 작업을 하는 데만 네댓 달이 걸렸다. 연습실을 빌리고 노래와 춤이 되는 단원을 외부극단에서 끌어왔다. 몇 차례 곡을 수정하면서 일정은 차질을 빚었다. 공연 개막이 두 차례 연기되고, 무슨 말이 돌았는지 배우들은 원래 일정대로 페이를 지불해 줄 것을 요구하고 나섰다. 극단 차릴 때 십시일반 모은 돈과 혹부리 영감 공연에서 남긴 수익금은 바닥이 난 상태였다.

"배우들한테 돈을 주지 않으면 몇 달간 고생한 게 허사로 돌아가게 생겼지. 공연을 해야 연습실 임대료니 뭐니 밀린 걸 갚을 수 있을 거고……."

"어떻게 보면 고모도 도레미에 투자를 한 셈이네요."

"투자는 무슨. 나는 송찬우한테 그 돈을 빌려준 거야."

세라가 고집스럽게 말했다.

"근데 왜 돈을 돌려받지 못했죠? 공연이 잘 안 됐나요?"

"공연이 취소됐어."

"네?"

"공연을 포기하고 사라졌어."

"누가요? 송찬우요? 아니, 왜요?"

"글쎄, 그걸 나도 몰라."

현수한테 그 답이 숨어 있기라도 한 것처럼 세라는 현수의 얼굴을 빤히 보다가 입을 열었다.

"개막 공연 전날 퇴근하자마자 연습실로 갔어. 리허설 분위기가 이상하게 침울했어. 이튿날 공연을 해야 하니까 배우들은 바로 귀가하라고 하고, 기존 〈도레미〉 단원들끼리 파전집으로 몰려갔지. 나는 남아서 연습실을 대충 치워놓고 뒤따라갔는데… 없더라. 어디 구석에 앉아 있는지 둘러봐도 보이질 않았어. 막걸리를 마시는 단원들한테 물었어. 자기들도 모르고 있었는지 송찬우를 찾더라. 먼저 가면 간다고 말을 하고 가야지, 연출이 말이야. 단원들이 지껄이는 소리를 들으면서 밖으로 나왔어. 그게 마지막이었어."

거기까지 말한 세라가 입을 다물었다. 이 시점에서 섣부른 공분이나 위로의 말을 건네는 건 주제넘은 짓 같아 현수는 잠자코 있었다. 세라가 담담한 표정으로 다시 입을 열었다.

"파전집 앞 길거리에서 한참을 서 있었어. 아, 그날 참 되게 추웠다. 그해가 유독 추웠어. 바람도 사나웠고. 혼자 우두커니 서서 몸이 얼어붙어 가는데… 불안하지 않더라. 늘 불안하기만 하던 마음이 사라졌어. 송찬우와 함께……."

무대에 서서 연기를 하는 배우처럼 세라는 그렇게 독백을 하고나서는 킁킁, 끊어지는 웃음소리를 뱉어냈다. 무슨 생각을 하는지 현수는 세라의 표정을 읽을 수가 없었다. 세라의 고통은 느껴졌다.

저 여자를 괴롭히는 건 아마 수치심일 것이다. 수십 년이 지난 지금에 와서 송찬우의 실체를 까발리겠다고 나선 건, 평생 자신을 옭아맸던 그 수치심에 자리를 내어주기 위한 것이리라. 스스로를 벌하듯 수치심을 인정하고 자신의 인생에 솔직해지고 싶은 건지 모른다. 현수는 그렇게 짐작했다. 스스로에게 솔직해지는 것으로 자존감을 되찾는 게 세라에게 그렇게 중요한 게 아니라면, 순수한 복수심 때문이겠지. 도저히 떨칠 수 없었던 질긴 복수심 때문이라면 현수는 복수의 도구가 되는 셈이었다.

지하철 입구에서 세라는 스카프를 고쳐 맸다. 뻣뻣하게 서 있는 모습이 몹시 피곤해 보였다. 슬쩍 건드리면 선 자리에서 그대로 풀썩 주저앉을 것 같은 걸음으로 세라는 지하철역 계단을 내려갔다. 세라가 계단을 다 내려간 것을 보고 나서도 현수는 그 자리에 서 있었다. 현수의 삶 속으로, 일상 속으로 세라가 낙숫물처럼 떨어져 흘러든 느낌이었다.

*

당시 2천만 원을 요즘 돈으로 환산하면 8천만 원 남짓 됐다. 새우깡과 짜장면과 버스비와 쌀 20킬로, 그리고 최저시급을 비교해서 평균을 내보니 그 정도가 나왔다. 이 정도 금액이면 혼자서 살자고 구한 전세가 아니었다. 집값이나 전세금이 지금처럼 살벌하게 높지는 않았을 것이다. 송찬우가 떼먹었다는 전세금이 온전히 세라의 것인지 두 사람 공동 자산인지 정확히 알아야 할 것 같았다.

〈도레미극단〉이 문을 닫은 뒤 세라는 한동안 송찬우를 찾아다녔다고 했다. 가톨릭센터 건물에 있던 연습실에는 둘둘 말린 포스터 뭉치와 손때가 묻은 대본들이 흩어져 있었다. 사람들이 출입을 하지 않자 센터 관리실에서 그달 말에 연습실 문을 잠갔다. 세라는 퇴근길에 연습실을 찾아가 문 앞에 우두커니 서 있다 돌아왔다. 돌아오는 길에 술집 몇 곳을 훑었다. 송찬우가 종종 세라를 불러내어 술값을 치르게 했던 술집들이었다.

두 달 넘게 세라는 술집을 돌아다녔다. 세라가 순회하듯 돌던 술집에서 그와 함께 연극을 했던 동료들을 종종 마주쳤다. 그들도 송찬우의 소식을 모른다고 했다. 정말 몰랐을 수도 있고, 알고도 모른 척했을 수도 있다. 인터넷을 한 번 더 뒤져봤지만 당시 송찬우에 대한 기록은 찾을 수가 없었다.

송찬우를 통해 〈도레미극단〉에 들어간 2천만 원이 세라의 단독 재산인 게 확실하다면 글을 올리는 건 별 문제가 없었다. 설사 문제가 된다 해도, 송찬우가 시시비비를 따지며 나서지는 않을 것이다. 돈을 갚겠다고 나올 가능성도 있었다. 대충 상황은 정리된 것 같았다. 내용을 어떤 톤으로 쓰는 게 좋을지도 잡혔다. 그런데 이상하게 마음이 찜찜했다. 뭔가를 빠트린 것 같았다. 뭔가 세라가 원했던 것…

가족이 있는 삶.

세라는 송찬우가 내건 슬로건을 트집 잡는 것으로 이야기를 시작했다.

송찬우는 가족이 있는 삶에 대해 말할 자격이 없어.

그 말을 할 때 세라는 정색했다. 아니, 조금 빈정거리는 투였나. 눈빛은 싸늘했다. 역시 석연치 않았다. 현수는 키보드에서 손을 떼고 의자 등받이에 등을 기댔다. 두 시간 넘게 마주 앉아서 세라의 이야기를 들었는데 정작 세라에 대해서는 제대로 아는 게 없었다. 송찬우에 대한 글이 소기의 목적을 달성하려면 그의 실체가 세라의 삶과 연관되어 드러나야 할 것이다. 순간, 생각이 났다.

그래, 명함!

세라에게서 받은 명함이 있었다.

하모니 결혼중매소 소장, 강세라

지갑에 끼워뒀던 명함을 꺼내 들여다보며 현수는 고개를 끄덕였다. 20대 시절의 세라는 순수했고 순진했다. 그녀는 연극을 좋아했고, 연극 연출을 했던 남자, 송찬우를 사랑했다. 송찬우를 만나면서 그녀의 인생에 어떤 일이 일어났는가. 감정에 호소하는 방향으로 컨셉을 잡고 나자 세라에게 던져야 할 질문 몇 개가 떠올랐다.

"워어 워어 워어."

갑자기 등 뒤에서 안 감독 목소리가 들렸다.

"이것이 무엇이냐!"

안 감독이 현수의 손에서 명함을 잡아챘다.

"하모니 결혼중매소! 에헤라디여, 에헤라디이여어어."

제발 그러지 말라는 현수의 간절한 눈빛을 못 본 척하며 안 감독이 난리를 쳤다. 현수의 양쪽 볼과 귀가 벌게졌다. 다솜이 이 사태를 지켜보고 있을 거였다. 다솜이 자리에 있는지 돌아볼 배짱이 현수한테는 없었다.

"우리의 순정남 민현수 씨. 일편단심인 줄 알았더니, 이렇게 배신을 때리는 건가요?"

아놔, 왜 저러냐.

현수는 안 감독의 유치한 장난질이 짜증스럽고 피곤했다. 마음 같아선 안 감독의 두꺼운 뿔테 안경을 벗기고 얼굴에 주먹을 한 방 정통으로 날리고 싶었다. 폭력에 대해 이야기하던 세라의 심정이 십분 이해됐다. 선택의 여지 없이 어떤 행동을 할 수밖에 없는 상황으로 사람을 몰아넣는 건 몸을 상하게 하는 폭력 못지않은 폭력이었다. 쪽팔림이나 외로움, 숨기고 싶은 약점을 잡고 늘어지는 장난질 역시 그런 폭력의 속성을 숨기고 있다는 것을 사람들은 놀라울 정도로 몰랐다. 현수는 명함을 쥐고 흔드는 안 감독을 속수무책 바라보았다.

어릴 적부터 그랬다. 현수는 자신을 놀리고 괴롭히는 아이들을 그냥 바라보기만 했다. 유난히 뚱뚱한 몸집 때문에 자주 현수는 아이들의 과녁이 되었다. 아이들은 늘 누군가를 놀리고, 누군가를 괴롭혔다. 아이들은 장난이라 여겼겠지만, 스스로도 의식하지 못하는 악의가 장난 속에 숨어 있다는 것을 몰랐다. 자신의 악의는 삼킬 수 있어도 다른 사람들의 악의는 어떻게 할 수가 없었다. 어린 나이에도 현수는 어쩔 수 없는 일은 어쩔 수 없는 대로 내버려두는 수밖에 없다고 생각했다. 사실 생각은 나중에 했고, 생각하기 이전에 현수는 놀림을 당하는 그 자리에서 스스로를 뭉갰다. 자존심을 뭉개고, 마음을 뭉개면 그 뒤는 쉬웠다. 현수를 괴롭혔던 분노는 시간이 지나면 결국 사그라졌다. 사그라진 자존심과 분노는 현수의 몸뚱이 속으로 기어들었다.

나이 들면서 현수가 만난 사람들 중에 무례한 입과 악의를 드러내는 경우가 드물지 않았다. 뭉개진 자존심과 분노는 현수의 몸속에 차곡차곡 쌓여 두툼한 살집처럼 무게를 늘려갔다. 공익으로 군복무를 마치고 숨어들 듯 틀어박혀 시간을 보내는 철공소가 없었다면 현수의 몸속에서 무게와 부피를 늘린 스테레스성 분노가 헐크 같은 괴물로 변해 튀어나왔을 것이다. 물론 쓸데없는 상상이었다.

현수는 그런 쓸데없는 상상과 공상으로 자주 멍한 시간을 보냈다. 곰 같은 몸집으로 조용히 앉아서 멍한 미소를 짓곤 하는 현수를 가끔 귀요미라 부르기도 하는 안 감독의 장난질은 아닌 말로 애교 수준이었다. 그렇다 해도 결혼상담소 명함을 손에 쥐고서 팔을 번쩍 쳐들고 있는 밉상 짓에는 열이 치

받았다. 얼굴까지 벌게졌으니 오해를 사기 딱 좋은데 다솜한
테 가서 사실은 그게 아니라고 변명을 늘어놓을 수도 없는 노
릇이었다. 현수는 안 감독이 내려놓은 명함을 집어 책상 서랍
에 넣었다. 속이 상해 한숨을 쉬느라 다솜이 현수를 보며 웃
음을 깨무는 모습은 보지 못했다.

왜 하필 나한테

"거미꽃인지 개미꽃인지 스톱모션만 쓰면 다야? 심사 기준이 애매하잖아."

작업실 저쪽 구석에서 박은주의 앙앙거리는 목소리가 날아왔다. 언성을 높일 때 목소리가 어찌나 어린애 같은지 박은주가 성질을 부릴 때마다 현수는 소스라치는 느낌이었다.

"마음 비워라. 우리가 머 하루이틀 보고 작업하냐. 길게 보고 가자."

안 감독이 박은주를 달랬다. 국제애니메이션페스티벌에 나갈 출품작 선정에서 박은주의 작품이 떨어진 모양이었다.

"거미꽃보다 언니 작품이 훨 감동적이었어요."

다솜의 목소리가 들렸다. 다들 박은주 곁에 몰려가 있는지 위로의 말이 이어졌다. 철공소 출입문에서 봤을 때 왼쪽 먼 구석에 박힌 현수의 자리에서는 오른쪽 먼 구석에 있는 은주의 자리가 보이지 않았다. 도로 쪽 창을 따라 책상 네 개가 주르륵 놓인 중간에 5단 책장 두 개가 서로 등을 대고 서 있어 가림벽 노릇을 했다.

"어떻게 마음을 비워. 안 선배도 내 입장 돼봐."

투덜거리는 박은주를 위로하느라 다솜이 안 감독을 질책했다.

"맞아요. 안 감독님은 큰 상을 받으셨으니 마음이 비워지죠. 언니 진짜 속상하겠어요."

안 감독은 4년 전, 철공소에 입주한 직후 다솜이 말하는 큰 상을 받았다. 미디어예술제 애니메이션 부문에서 대상을 받고 며칠 헤벌쭉거리고 다녔다. 새와 그림자, 라는 작품이었는데 안 감독은 그 작품으로 자그레브와 오타와에 초대되어 글로벌한 세상을 경험했다. 수상은 못했지만 국제애니메이션 페스티벌에 초대된 것만으로도 애니메이션 업계에서는 알아주는 듯했다.

"선배도 거미꽃, 걔 알지? 걔 또 얼마나 기고만장 굴겠어. 다른 작품 좋은 것도 많던데 하필이면 걔냐고. 왜 하필⋯⋯."

박은주의 앙앙거리는 목소리가 현수의 머릿속을 간질였다.

왜 하필⋯⋯.

현수는 마우스를 딸각거리며 모니터를 노려보았다. 모니터에는 송찬우의 기사가 걸려 있었다.

왜 하필⋯ 나지?

머릿속을 간질이던 생각이 툭 하고 현수 앞에 떨어졌다.

뭔가 아귀가 맞지 않아.

현수는 두 손을 깍지 끼어 두두룩한 배에 올린 채 생각에 잠겼다. 송찬우의 뒤를 캐는 게 딱히 힘든 건 아니었다. 지난 며칠간 현수는 송찬우에 대해 구글링을 하고 양명시 지역신

문들을 죄 뒤졌다. 송찬우의 이력은 투고 몇 번 날리면 지방지 기자들이 뒷조사에 나설 만한 냄새를 피우고 있었다.

송찬우는 〈초록지대〉를 설립하고 4년 뒤에 결혼했다. 결혼상대는 서울과 양명시에 각각 한 군데씩 한식당을 차려 운영하는 여자였다. 맛집 전문 블로거가 적어놓은 글을 보니 돌잔치나 상견례 전문식당으로 꽤 유명한 듯했다. 송찬우가 시의원으로 출마한 데는 돈 많이 버는 아내의 도움이 컸지 싶었다.

시의원이 되고 그 직후 송찬우는 〈양명문화연구소〉를 설립했는데, 이듬해 문체부로부터 활동우수단체로 평가받았다. 활동이 우수했는지는 몰라도 시행한 프로그램 건수가 많기는 했다. 대부분 정부기관으로부터 지원을 받아 시행한 프로그램이었다. 다른 시민단체와 비교하면 〈초록지대〉와 〈양명문화연구소〉가 받은 지원 금액이 확연히 차이가 날 정도로 많았다. 그 사실을 지적한 기사는 있었지만, 시의원 자리에서 행사할 수 있는 권한으로 개입을 했을 거라고 의심을 제기한 기자는 없었다. 하여간 깔끔한 정황은 아니었다.

시의원을 지낸 전력이 있고, 시장 예비후보로 나서긴 했으나 현수가 보기에 송찬우는 사업 쪽으로 관심이 더 많은 사람이었다. 정치적 야심이 있는 사람이라면 시의원을 하면서 자신이 대표로 있는 단체에 지원금을 몰아주는 욕심은 자제했을 것이다. 송찬우를 골탕 먹이기 위해서는 그의 정치적 야심이 아니라 〈초록지대〉와 〈양명문화연구소〉가 하는 사업 쪽을 파고드는 게 맞지 싶었다. 그러자면 견적서까지 찾아내어 대조를 해야 하는, 지루하고 재미없는 삽질이 필요했다.

현수는 등받이에 기댄 몸을 쭉 폈다. 아침부터 뒤지고 있던 자료들이 갑자기 지겨워졌다. 몸에서 힘을 빼고 늘어져 있으니 조금 편안해지는 기분이었다. 낮잠이나 자러 올라갈까. 멍하게 풀렸던 현수의 눈길이 콘크리트 천장의 한 점으로 모였다. 조금 전 머릿속을 간질이던 생각이 꼬물거리며 기어 나왔다.

왜 하필 나지.

왼쪽 관자놀이가 떨렸다. 현수는 왼손 엄지로 관자놀이를 꾹 눌렀다.

왜 하필… 나한테…

관자놀이를 누르는 미미한 통증이 머리에서 목덜미를 타고 흘렀다. 차 한 대 뽑을 정도면 결코 적은 돈이 아니었다. 그 돈의 반만 준다 해도 송찬우 팬티 속까지 탈탈 털어줄 사람들이 쌔고 쌨을 것이다. 세라가 흥신소니 심부름센터니 하는 데를 몰랐을 것 같지는 않았다. 규모가 어느 정도인지 몰라도 결혼상담소 소장이면 이 방면으로 현수보다 바삭하게 알고 있어야 정상이었다.

현수는 등받이에 기대었던 몸을 일으켜 바로 앉았다.

세라는 어떤 의도를 가지고 경술을 찾아왔다. 그리고 모종의 목적을 이루기 위해 현수에게 접근했다. 의심을 하자 현수에게 들려준 말도 그렇고, 세라의 정체도 의심스러웠다. 생각하면 생각할수록 의심스러웠다. 눈썹을 앵그리버드처럼 세운 채 심각한 표정을 짓고 있는 현수 곁으로 안 감독이 다가왔다.

"우리 귀요미도 하나 찍어."

현수는 얼굴을 잔뜩 찌푸린 채 안 감독을 돌아봤다. 현수보다 나이가 적은 웹툰과 다솜이 들어오기 전에 안 감독이 먹보니 귀요미니 별명으로 부르는 것을 그냥 듣고 넘긴 게 잘못이었다. 이제 와서 새삼 정색을 하기는 어색했지만 다솜 앞에서 귀요미 소리나 듣는 남자로 체면을 구기고 싶지 않았다.

"영화 찍냐. 근육 풀어."

째려보는 현수의 눈길을 무시하고 안 감독이 종이를 내밀었다. 10000원, 3000원, 1000원, 공짜, 심부름. 액수와 작업실 사람들 이름을 연결한 사다리타기 그림이었다. 고개를 옆으로 기울인 채 그림을 내려다보는 현수에게 안 감독이 통을 놓았다.

"뭘 그렇게 훑어봐. 장고 끝에 만 원 걸린다."

현수는 꿈적 않고 사다리타기 그림을 들여다보았다. 몇 개의 줄과 선으로 이뤄진 간단한 도형인데 각각의 액수가 어디로 떨어질지 알아내는 건 쉽지 않았다. 세로선에 걸쳐진 가로줄에 낙차를 주어 출발점과 도착점을 어긋나도록 비틀어 놨기 때문이다. 현수는 그림을 안 감독에게 돌려주고 자리에서 일어섰다.

"네가 사러 가려고?"

"아뇨. 할 일이 있어요."

굳이 알아내자면 못 알아낼 것도 없다. 낙차를 바로잡으면 된다. 세라가 누군지, 왜 찾아왔는지 경술은 알고 있을 것이다. 며칠 전 세라의 방문은 의례적인 게 아니었다. 세라가 숨긴 의도의 한 조각 정도는 분명히 경술과 연관돼 있다. 평소와 달리 그날따라 퉁명스러웠던 경술의 말투도 어쩌면 세라의 방문 목적과 관련이 있는지 모른다.

"먹는 데 네가 빠지면 형이 외롭다. 아, 누가 또 한 명 몹시 외로울 것인데."

흰소리를 하는 안 감독 뒤로 자기 자리에 앉아 있는 다솜이 보였다. 갑자기 다솜이 고개를 드는 바람에 눈이 마주쳤다. 떡볶이를 먹자고 한 게 다솜이었나. 사다리타기 종이와 다솜을 번갈아 보던 현수의 눈이 흔들렸다. 갑자기 다솜이 자리에서 일어났다. 자리에서 일어날 때 항상 쥐고 있는 머그잔 대신 무슨 계산서 같은 것을 쥐고 있었다. 철공소 공동경비에 무슨 문제라도 생긴 건가. 다솜이 공용탁자를 돌아서 현수 쪽으로 방향을 잡고 걸어왔다. 어, 뭐지? 다솜을 바라보는 현수의 가슴이 당당당 뛰었다.

다솜이 손을 내밀었다.

"수도요금 고지서예요. 좀 전에 들고 왔는데 은주 언니 때문에 깜박했어요."

건물 1층 출입구 벽에 붙어 있는 우편함에서 우편물을 들고 오는 건 현수의 일이었다.

"지로 용지 올 때가 돼서 우편함을 뒤졌거든요. 보니까 수도 세 요금이 너무 많이 나온 거예요. 빨리 아시는 게 좋을 것 같아서 맘대로 갖고 왔어요."

"제가 챙겨야 되는데… 고맙습니다."

"고마우면 떡볶이 사라."

안 감독이 끼어들고, 박은주가 꼬리를 달았다.

"독하게 매운 떡볶이 먹고 힘내야겠다."

*

현수는 경술을 만나는 걸 잠시 미루고 지하실부터 살피기로 했다. 수도세 고지서에 평소 내는 요금보다 세 곱절이 넘는 액수가 적혀 있었다. 벌써부터 귀에 경술의 잔소리가 웽웽거렸다. 이런 불상사가 생기지 않게 관리를 하라고 경술이 용돈을 주는 거였다.

설마 이번에도 용돈을 깎는다고 하지는 않겠지.

평소 요금의 세 곱절이 나왔다는 건 건물 어딘가에서 물이 새고 있다는 증거였다. 명색 관리자로서 미리 조치를 못한 것은 현수 잘못이었다. 그러나 따지고 들어가면 꼭 그렇게 단정할 일이 아니었다.

경술철학원과 철공소, 일층치킨이 한 층씩 사용하고 있는 이 3층짜리 건물은 지은 지 50년이 다 된 노후 건물이었다. 한번은 양명시청 건축과에서 철거 가능성을 타진해 가기도 했다. 뉴타운 재개발설이 심심찮게 불거지는 지역이 아니었으면 철거됐을 수도 있었다. 단순히 관리 소홀로 모는 건 현수로서는 억울한 일이었다.

거기다 가족이 둔내리로 가 있던 몇 년 동안에 건물이 아주 엉망이 됐다. 전세를 들어왔던 사람들이 건물 관리를 어떻게 했는지 문짝과 창문이 제대로 닫히는 게 없었다. 장마 때는 외벽에 들이치는 비 때문에 건물 전체가 눅눅해졌다. 도배를 새로 해도 벽지가 군데군데 들뜨고 하수관에서는 조금만 방심해도 악취가 올라왔다. 둔내리에서 양명 집으로 돌아온 뒤 몇 년간 경술은 공구를 끼고 살았다.

아무튼 오늘 아침 계단 청소하면서 마주쳤을 때 일층치킨 사장님이 천장에 물 샌다는 항의를 안 했으니 2층 철공소는 문제가 없었다. 철공소 천장도 깨끗하니 3층 집 역시 문제가 없었다. 남은 건 1층과 지하실이었다. 지하실 천장을 살펴보면 누수가 되는 곳이 어딘지 알 수 있을 것이다.

건물 출입구 옆에 붙은 스위치는 고장이 나 있었다. 몇 번 스위치를 딸각거리다가 현수는 지하계단으로 내려갔다. 지하실 계단은 계단참까지 아홉 개, 계단참에서 지하실문까지 열두 개였다. 계단참 아래로 열두 계단은 심하게 가파른 데다 낮에도 발밑이 잘 안 보일 정도로 어두웠다. 현수는 계단참에서부터 계단 수를 세면서 내려갔다.

애초 건물을 올릴 때 지하실은 기계 부속품을 들여놓을 창고로 지은 거였다. 경술한테 들은 말이었다. 할아버지는 온갖

종류의 기계 부속품을 취급하는 가게를 했다. 주로 중고기계를 들여와서 지하실에 쟁여놨다가 찾는 사람이 있으면 가게로 갖고나가 수리를 해서 팔았다. 한마디로 할아버지의 땀과 가족의 역사가 고스란히 담긴 건물이라는 뜻이다. 그런데 건물 등기는 경술이 아닌 복임의 명의로 돼 있었다. 장씨 아저씨가 지하실에 세를 얻어 들어올 때 부동산 아줌마가 가져온 등기부를 넘겨보다가 알게 된 거였다. 명의를 이전한 건 현수가 세 살 때였다. 사업하는 집안에서는 불상사에 대비하여 명의를 부인 앞으로 해두는 경우가 많다는데, 젊은 시절 경술은 출판사에 다녔다고 했다. 뭔가 그럴 사정이 있었던 모양이다.

둔내리에서 이곳으로 돌아온 뒤, 경술은 몇 번 부동산에 전화를 했다. 지하실을 창고로 쓸 사람이 있는지 알아봐 달랬던 것 같은데 들어오려는 사람이 없었다. 지하실은 폐가구와 잡동사니가 들어앉은 채로 일 년 남짓 비어 있었다. 현수가 고등학교 2학년에 올라간 봄에 장씨 아저씨가 부동산 아줌마를 앞세우고 찾아왔다. 장씨 아저씨는 지하실을 창고로 임대할 건데 수리해서 사무실로도 쓰고 싶다고 했다. 경술은 드디어 세를 받게 돼서 좋기도 하고, 지하실을 알아서 수리까지 할 거라는 말에 감동해서 허둥거렸다.

"지하실이 돼놔서 공사가 수월찮을 텐데……."

지하실에 버려둔 것들이 떠올라 미안하기도 했을 것이다.

지하실에는 고장 난 컴퓨터, 비닐가죽이 찢어져 용수철이 튀어나온 소파, 얼룩진 매트리스, 바퀴가 빠진 의자, 사무용 책상 같은 것이 먼지와 거미줄을 뒤집어쓴 채 버려져 있었다. 세를 들어 살았던 사람들이 버리고 간 것들이었다. 계약서에 도장을 찍기 전에 경술이 사람을 불러 깨끗이 치우겠다고 하자 장씨 아저씨가 손사래를 쳤다.

"공사하면 어차피 업체 불러야 하니 놔두세요. 폐자재 실어 내갈 때 같이 내가면 됩니다."

계약한 다음 날 장씨 아저씨는 공사를 시작했다. 경술과 현수는 출입구를 드나들 때 지하로 잠깐잠깐 내려가서 공사 현장을 구경했다. 잡동사니와 쓰레기가 실려 나가고, 수도와 전기선이 들어가고 문손잡이가 교체됐다. 문손잡이 아래 새로 박은 걸고리에는 주먹만 한 자물통이 걸려 있었다. 페인트칠을 하고 나서 이틀 뒤 가구가 들어왔다. 장씨 아저씨는 일주일 만에 지하실을 창고가 달린 사무실로 바꿔놓았다.

땅딸막한 체구의 장씨 아저씨는 어딘지 모르게 무술인 같은 분위기를 풍겼다. 자신을 보따리장사꾼이라고 소개하면서 대만에서 우롱차를 들여와 찻집과 차 가게에 넘기는 일을 한다고 했다. 경술은 계약서를 작성하던 날 장씨 아저씨의 사주 명식을 받아 보고는 무조건 형씨가 알아서 하라고 했다. 장씨 아저씨는 고향인 대만 화롄으로 돌아갈 때까지 8년간 지하 사무실을 사용했다. 재재작년 봄 장씨 아저씨가 나간 뒤로 지하실은 비어 있었다. 전세든 월세든 들어오려는 사람이 없었다. 월세가 싸다 싶었는지 금방 계약할 듯이 찾아왔던 사람도 지하실을 둘러보고 가서는 연락이 없었다.

지하실이라 불을 켜지 않으면 낮에도 어두운 건 그렇다 쳐도 들어섰을 때 느낌이 섬뜩하다는 소리를 몇 사람이 했다. 장씨 아저씨는 이곳이 우묵하게 깊고 선득한 데다 적당한 습도와 온도를 유지할 수 있어서 좋다고 했다. 장씨 아저씨가 이곳 지하실을 선택했던 이유가 다른 사람들한테는 재고의 여지 없이 발을 돌리게 하는 이유가 됐다.

사실 천장이 낮은 것도 문제였다. 지하실의 둥근 소파에 앉아 고개를 젖히고 있으면 몸이 공중부양한 느낌이 들 만큼 천장이 낮았다. 키가 180센티인 현수는 철제문을 열고 지하실에 들어설 때 저절로 어깨가 구부러졌다. 장씨 아저씨가 들어온 뒤로 지하실을 들락거리면서 생긴 버릇이었다. 어깨를 구부려도 걸음을 옮길 때마다 주렁주렁 매달아놓은 꾸러미들이 머리에 받혔다. 장씨 아저씨는 가구를 들여놓은 다음 천장에 압력봉을 설치하고 그물망 꾸러미를 매달아놓았던 것이다.

장씨 아저씨는 우롱차나 동방미인 같은 차 종류 외에 과자와 건강식품도 부수적으로 취급했다. 주 판매처가 구로와 영등포 쪽인데 가게주인들이 차를 주문하면서 그런 것들을 같이 갖다 달라고 요구한다고 했다. 건강식품은 차를 다루는 것만큼 까다롭지는 않았다. 장씨 아저씨는 현수에게 꾸러미에 든 인삼과 가시오가피, 영지 등을 포장하는 아르바이트를 시켰다.

포장 일은 전혀 싫지 않았다. 의자를 딛고 올라가 꾸러미를 내릴 것, 옆에 갖다 놓은 저울에 무게를 재서 봉지에 담을 것,

포장지를 두 겹으로 싼 뒤 주황색 실을 둘러서 매듭을 지을 것. 이 세 가지만 알고 있으면 되는 일이었다. 포장봉지를 장씨 아저씨가 말한 수만큼 만들어놓고, 테이블에 올려놓은 꾸러미들을 단단히 여며서 천장 고리에 걸어두는 것까지 하고 나면 장씨 아저씨가 용돈을 주었다. 그 재미에 현수는 용돈이 떨어질 때마다 지하실로 내려가 아르바이트를 자청했다. 대학에 들어간 뒤에는 장씨 아저씨와 이런저런 이야기도 할 겸 일도 도울 겸해서 종종 지하실로 내려갔다.

수도요금 고지서를 주머니에 찔러 넣고 지하실 문을 연 현수는 벽을 더듬어 스위치를 켰다. 불이 들어오는 순간 스스스 하는 소리가 났다. 흡! 현수는 숨을 삼켰다. 한쪽 전구가 나갔는지 불을 켜도 완전히 환하지가 않았다. 현수는 침침한 불빛 속에서 꼼짝 않고 서 있었다. 잠시 기다렸으나 아무 소리도 들리지 않았다. 조심스럽게 숨을 내쉬고 사방을 둘러보았다. 벽 쪽으로 껌껌하고 두꺼운 그림자가 내려와 있었다.

현수는 조금 망설이다 낡고 색이 바랜 둥근 소파로 가서 앉았다. 서너 달 전까지만 해도 현수는 가끔 이곳 지하실에 내려와 시간을 보내곤 했다. 앉으면 자동적으로 몸이 뒤로 훌러덩 넘어가는 둥근 소파에 드러누워 조는 듯 마는 듯 시간을 흘려보내는 게 현수한테는 힐링 타임이었다. 2층 철공소에는 공휴일에도 최소한 한 명은 나와서 작업 중이었고, 집에는 경술이 똬리를 틀고 사주 손님들을 기다렸다. 아무도 신경 쓰지 않고 혼자 멍 때리고 싶을 때 현수는 동굴로 기어들 듯 이곳 지하실을 찾았다.

아참, 아까 그 소리.

현수는 얼른 발을 들어 소파 끝에 올렸다. 설마 쥐나 뱀 같은 건 아니겠지, 생각하는 순간 목과 팔에 소름이 돋았다. 현수는 소파에서 벌떡 일어났다. 잠깐씩 내려오긴 했지만, 3년 가까이 사람이 살지 않은 곳이었다. 동네 쥐들이 숨어들 만한 공간으로 이보다 좋은 데는 없을 것이다. 대추씨같이 생긴 눈을 반들거리며 어디선가 자신을 지켜보고 있을 커다란 쥐를 떠올리자 오금이 저렸다. 철제문을 열고 나오면서 현수는 표독스러운 쥐의 주둥이가 날아오는 것 같아 엉덩이가 찌릿찌릿했다.

"스스스 소리가 나는데 쥐가 있는 거 같아요."

철공소로 올라온 현수는 안 감독한테 지하실에 같이 좀 내려가자고 부탁했다. 안 감독이 뭐라고 입을 열려는 차에 장편이 끼어들었다.

"어이구, 그 덩치로 조막만 한 생쥐를 무서워하나."

"아니에요. 어마무시하게 큰 쥐일 수도 있어요."

현수가 항의했다.

"동굴의 우상이라고 들어봤나. 제대로 모르면서 겁먹는 거, 세상에서 가장 어리석은 거지."

몇 년째 장편시나리오 하나를 붙잡고 있는 장편은 상황에 맞지 않은 대사로 김을 빼는 재주가 있었다. 다솜이 고개를 들었다. 장편을 보고, 현수를 본 뒤 태블릿으로 눈길을 돌렸다. 장편의 자리는 박은주와 다솜, 중간에 끼어 있었다.

다솜은 스케치를 하는지 고개를 숙인 채 태블릿 펜을 움직였다. 앞으로 나온 동그란 이마 위로 머리카락이 흩어져 있었다. 다솜이 왼손을 올려 머리카락을 머리 위로 넘기면서 무슨 말을 중얼거렸다. 현수는 다솜의 귀여운 이마에서 눈길을 억지로 떼서 장편의 좁고 길쭉한 얼굴을 보았다. 그 덩치를 해가지고…라는 듯 고개를 절레절레 젓는 장편의 액션은 신경 쓸 것 없는데, 옆에 앉은 다솜이 자신을 우습게 볼 것 같았다.

"도시에 생쥐가 어딨어요. 다 잡아먹혔지. 틀림없이 시궁쥐예요. 시궁쥐는 몸통 길이만 자그마치 삼사십 센티인데, 그런 놈한테 물린다고 생각해보세요. 못 믿겠으면 같이 내려가 보든가요."

다솜이 듣고 있을 것을 의식하며 현수는 제법 시비조로 말을 했다. 지하실에서 들었던 스스스 소리에서 제법 부피가 느껴졌다는 말도 덧붙였다.

"시멘트 가루가 삭아서 떨어지는 소리 아닌가. 이 건물 지은 지 오래 됐지 아마. 그리고 쥐가 왜 스스거려. 찍찍거리지."

장편은 평소답지 않게 집요했다.

"앞니 빠진 쥐일 수도 있지. 역시 우리 장편옹은 발상의 전환이 안 돼."

안 감독이 장난스러운 말투로 끼어들었다.

"헛소리는."

장편이 안 감독을 밉살스럽다는 듯 돌아보고는 고개를 빠

르게 흔들었다. 기분이 언짢으면 나타나는 장편의 틱 증상이
었다. 기분이 많이 언짢거나 당황하면 장편은 날벌레를 쫓듯
고개를 흔들면서 좁고 긴 얼굴을 부르르 떨었다. 장편을 약
올리려는 건지 안 감독이 스으으 소리를 길게 냈다.

"안 감독님, 지하실에 같이 좀 가요."

짓궂은 성격이 마음에 들지는 않지만, 철공소 안에서 무슨
일이 생기면 현수는 안 감독을 찾았다. 남들한테 짓궂게 구는
만큼 다른 사람 궂은일에도 발 빼지 않고 잘 나섰다.

안 감독과 둘이서 지하실을 구석구석 살피고 나서 현수는
결론을 내렸다. 이 건물 어딘가 분명 누수가 되고 있다. 천장
에 얼룩이 없는 것으로 봐서 누수가 의심되는 곳은 지하실이
었다. 화장실은 물론이고 예전에 탕비실과 창고로 썼던 곳의
아래쪽 벽에 희미하게 짙은 흔적 같은 게 있었다. 물이 번졌던
흔적인지 아닌지는 확실치 않았다. 아무튼 육안으로 누수 부
위와 원인을 찾아내는 것은 어려웠다. 혼자 끙끙댈 사안이 아
니었다.

*

"아버지 지금 어디예요?"

안 감독과 함께 지하실을 살핀 뒤 현수는 집으로 올라와서
경술에게 전화를 걸었다.

"일층치킨이다."

"아, 거기서 물 샌대요?"

경술이 알고 있다면 안심이다 싶었는데, 아니었다.

"엉? 어디서 물이 새냐?"

"그런 거 같아요. 어디서 새는지는 모르겠어요."

"허어 참, 일층도 지금 싱크대하고 문이 낡아서 교체해야 된다고 그러고, 오늘따라 왜 이러나."

경술이 전화 저편에서 목소리를 높였다. 돈이 들어가게 생겼다 싶으면 경술은 목소리가 높고 빨라졌다.

"수도세가 엄청 많이 나왔어요."

어차피 알아야 할 일이었다.

"얼마나? 얼마 나왔는데?"

"이십만 원 넘게 나왔어요. 다른 덴 다 살펴봤고요. 제 생각엔 지하실이 문제 같아요."

"너 지금 어디냐?"

"집에……."

경술이 전화를 끊었다. 전화를 끊고 2분도 안 돼 현관문이 열렸다. 아침마다 밥도 제대로 안 해놓고 약수터를 다니더니, 보통 운동이 되는 게 아닌 모양이다.

"뭐가 어찌 됐다고?"

현수가 바지 주머니에서 수도요금 고지서를 꺼내 경술에게 보여주었다.

"지하실에서 물이 새는 것 같아요. 벽도 눅눅하고……."

"날씨가 추우면 당연히 눅눅하지. 맨날 인터넷만 들여다보더만 그런 건 안 나오더냐."

경술의 지적에 현수가 발끈했다.

"온도 차 때문에 벽에 습기 끼는 거요? 그걸 왜 몰라요."

"손전등이나 들고 따라오너라."

경술이 휭하니 나갔다. 현수는 신발장 위에 놓인 손전등을 집어 들었다. 현수가 더듬거리며 내려가는 지하계단을 경술은 평지처럼 재바르게 내려갔다.

"한 번씩 여기 내려오셨어요?"

경술은 대꾸 없이 철제문을 밀고 들어섰다.

"아무도 없는데 불을 왜 켜놓고 나왔냐?"

"곧 내려오려고 했죠."

어릴 때부터 지겹게 들은 소리라 대답이 반사적으로 튀어나왔다.

경술이 혀를 차고는 화장실로 들어갔다. 현수는 창고 쪽으로 가서 주변을 다시 둘러보았다. 변기 뒤 물통 뚜껑을 여는 소리에 이어 물 내리는 소리가 났다.

"볼탑 밸브가 빠져 있어서 물이 줄줄 샜구먼."

경술이 화장실에서 나오며 말했다.

"배관 깨진 게 아니라 다행이다만."

볼탑 밸브 빠진 게 현수 잘못이라도 되는 양 경술이 현수를 3초쯤 노려보고는 싱크대 쪽으로 갔다. 건물관리를 한다는 명목으로 매달 용돈을 받고 있는 건 네가 아니냐는 뜻이겠지. 현수는 화장실로 들어가서 타일 벽을 둘러보는 척하고 나왔다.

"얼마 나왔다고?"

경술이 싱크대 아래 문짝을 열고는 현수를 돌아보았다.

"뭐가요?"

둥근 소파로 가서 앉던 현수가 움찔하며 물었다.

"뭐겠냐."

"아, 수도세요. 이십삼만 사천… 잠깐만요. 이십삼만 사천삼십 원이요."

현수는 주머니에서 꺼낸 고지서를 펴서 읽었다.

"헐! 헐이다, 헐."

어디서 들었는지 경술은 몇 달 전부터 헐, 이라는 철 지난 유행어를 애용했다. 충격을 받은 표정은 아닌데, 고개를 뒤로 꺾은 채 천장을 보고 있던 경술이 입을 열었다.

"작년 겨울에 수도관 얼었을 때 열선 사다가 하루 종일 감은 사람이 누구냐?"

현수가 끙, 소리를 냈다. 경술이 쭈그리고 앉아 손전등으로 싱크대 안을 비추며 계속 느물거렸다.

"안방 문짝 안 닫히는 거, 창문에 뽁뽁이 붙이는 거, 그거 다 누가 했더라."

현수도 할 말이 생각났다.

"방충망은 제가 달았네요."

그것도 업체를 시킨 게 아니라 현수가 직접 만들어서 달았다, 라고 하면 좋겠지만 그런 건 아니었다. 작업실 초창기 멤버였던 웹디자이너가 간만에 손 좀 풀어볼까, 하고 나서준 덕분에 설치를 할 수 있었다. 생각해보니 작업실 한가운데 놓인 공용탁자와 모양이 각각인 의자 네 개도 그 웹디자이너의 솜씨였다. 어느 날 아침 일찍 현수를 불러낸 웹디자이너가 동네 호프집에서 원목탁자를 내놓았더라며 같이 들고 오자고 했다. 그리고 이튿날부터 어디서 주웠는지 의자 네 개를 하나씩 날라 와서는 사포질과 왁스칠로 테이블 세트를 만들었다. 탁자는 상판과 다리에 요란한 무늬를 뒤집어썼다가 몇 달 뒤 의자까지 합쳐서 그라데이션 효과를 준 연파랑 페인트로 갈아입었다.

그 웹디자이너가 방충망을 설치할 때 현수가 조수 노릇은 톡톡히 했다. 현수는 웹디자이너가 끼적인 메모지를 들고 자재상에 가서 각목과 나일론 망과 쫄대를 사 왔다. 못과 망치는 집에서 가지고 내려왔다. 웹디자이너는 피자 시킵시다, 한마디를 던지고 작업을 시작했다. 한때 금형 공예를 했다더니 목재 틀을 조립하고, 각목을 끼우고, 못을 박는 손놀림에서 전문가의 포스를 풍겼다. 작업실 삼면이 유리창이라서 업체를 부르면 100만 원쯤 들었을 방충망 설치 공사가 30만 원 남짓으로 해결됐다. 피자 두 판을 배달해 먹은 가격이 포함된 액수였다.

방충망을 설치한 날, 현수는 경술한테 건물관리인을 자임하면서 용돈 인상을 요구했다. 현수가 철공소 생활한 지 만 1년이 돼갈 무렵이었다. 경술은 콧방귀를 뀌었는데 다음 달 용돈을 30만 원에서 50만 원으로 올려주었다. 건물 구석구석 잘

살펴라. 20만 원은 관리비다. 경술이 못을 박았다.

"방충망을 어떻게 달았기에 여름에 모기약 스프레이를 몇 통씩 써대냐."

경술이 싱크대 밑 배관에 얼굴을 바싹 갖다 댄 채 타박했다. 저렇게 입을 자꾸 놀려대다간 날아드는 날벌레를 삼킬 것 같았다.

"이번 달은 네 용돈에서 수도세 오른 만큼 뺀다."

"아버지!"

"여기는 별 문제 없는 거 같네. 다음번 고지서 나오는 거 봐서 업체를 부르든지 하자."

경술이 싱크대에서 머리를 빼내며 말했다.

"전 모르니까 아버지가 알아서 하세요."

업체고 뭐고 귀찮았다.

용돈을 깎인 게 이번이 처음도 아니었다. 현수한테 시키면 될 것을 경술은 군이 스스로 나서서 수도관에 열선을 감고, 창문에 뽁뽁이를 붙이고, 마루 뒤틀린 게 보기 싫다며 널빤지를 뜯어내고 그 부분을 새로 짜 넣었다. 그러고는 관리비에 해당하는 20만 원을 깎고 주었다. 그럴 때마다 현수는 경술에게 당한 기분이었다. 오후 내내 수도요금 고지서를 들고 왔다 갔다 한 노력은 어디로 가고 용돈 삭감이라니. 허무했다.

"넋 놓고 있지 말고 일어나서 이거 같이 들자. 어쩌자고 저 안에 들어가 있나 원."

경술의 말에 현수는 뒤뚱거리며 소파에서 몸을 일으켰다.

"진열장 내가려고요?"

"자다가 봉창 두드리는 소리는. 이걸 앞으로 좀 옮겨놓자고."

현수는 오늘 경술에게 물어보려고 했던 게 문득 생각났다.

"아버지."

"귀 안 먹었다."

"세라 고모가 누구예요?"

경술이 진열장을 붙잡은 채 현수를 보았다.

"세라 고모가, 세라 고모지. 거기 잡아봐라. 하나 둘 셋 할 때 벽에서 한 뼘쯤 떼자."

현수는 경술이 시키는 대로 양손으로 진열장을 잡고 반대편에 선 경술을 쳐다보았다. 선반에 가려 코 밑으로는 보이지 않았다. 호리호리한 몸매로 비율이 좋아서 작다는 생각이 들지 않는데 경술의 키는 165센티를 겨우 넘었다. 고등학교 때 영화관에서 〈쿵푸팬더〉를 본 기억이 났다. 영화를 보면서 현수는 포와 오리아빠의 조합에 자신과 경술을 넣고 고민을 했다. 어릴 때 현수는 종종 그런 공상을 했다.

"어미가 안 보이네."

진열장 뒤에 새끼고양이 세 마리가 있었다. 거짓말 좀 보태서 머그컵만 하려나. 하여간 되게 작은 고양이 세 마리가 한 뭉치로 엉겨 있었다. 얼어 죽었나 싶어 마음이 짠해지는 순간, 앞발 하나가 앙증맞게 위로 올라왔다.

"움직인다."

하나가 움직이자 다른 애들도 꿈틀거리며 애벌레같이 뒹구
는 동작으로 서로에게서 떨어졌다. 경술과 현수는 누가 하자
고 할 것 없이 다시 진열장을 들어 한 자쯤 더 옮겼다. 스스스,
하는 소리와 함께 진열장 틈으로 에이포 용지가 몇 장 바닥에
떨어졌다. 자신들을 막아주던 벽이 밀려나가자 새끼고양이들
은 넓은 공간에 있는 게 의아한 듯 에옹에옹 소리를 지르며
주변을 두리번거렸다.

"엄마 찾는 거 같은데요."

현수는 무릎을 꿇고 벽과 진열장 사이로 들어가 고양이한
테 손을 내밀었다. 입 주변이 유독 까만 고양이가 가운뎃손가
락에 매달리더니 입을 갖다 대고 잘근거렸다.

"수컷한테 쫓겨 왔나. 어째 새끼들을 이 구석진 데다 숨겨놓
았을꼬."

"애들 이대로 둘까요."

현수가 엎드린 채 경술에게 물었다.

"어디 다친 데는 없는지 봐라."

현수는 새끼고양이를 조심스럽게 건드렸다. 자기를 건드리
는 것의 정체를 아는지 모르는지 세 마리가 다 꼬물거리며 손
가락에 달려들었다.

"배고픈가 봐요. 손가락을 빠는데요."

"어미가 오면……."

"일단 구석에서 빼내야겠어요."

현수는 새끼고양이들을 두르듯 양팔을 바닥에서 둥그스름

하게 맞잡고 무릎걸음으로 좁은 틈에서 빠져나왔다. 빗자루에 쓸려 나오듯 옮겨놓은 고양이들을 내려다보며 경술이 혀를 찼다.

"배가 홀쭉한 걸 보니 젖 구경 한 지 오래됐구마는. 어미가 변을 당한 게지."

"그럼 얘들 어쩌죠?"

경술을 올려다보며 현수가 다시 물었다.

"어쩌겠냐. 내다 버릴 수도 없으니 누가 거둬도 거둬야지."

*

"쥐가 아니라 고양이였어요."

스스스, 소리에 놀라 철공소 사람들 앞에서 호들갑을 떤 게 창피했지만 현수는 솔직하게 털어놓았다. 작업실이 있는 건물에 쥐가 돌아다닌다고 착각하게 만들어서 좋을 게 없다.

"도둑고양이가 지하실에 있어요? 어머, 고양이가 그 안에 어떻게 들어갔지?"

박은주가 묻고,

"고양이가 신묘한 동물이잖아. 우리 눈에 띄지 않아 그렇지, 따로 드나드는 문이 있을걸."

안 감독이 말했다.

계단으로 난 출입문 말고 지하실에 뒷문이 하나 더 있긴 하지만 고양이가 폐쇄된 문을 열고 들어오지는 않았을 것이다.

안 감독 말대로 고양이가 드나들 수 있는 구멍 같은 게 어딘가에 나 있을지도 몰랐다. 구멍이라는 건 어디든 있기 마련이니.

"이뻐요? 요즘 길냥이들은 되게 이쁘더라. 길냥이 같지가 않아."

"우리 동네도 예쁜 고양이들 엄청 많아요. 털도 깨끗하구."

은주의 말을 다솜이 받았다.

"고양이를 지하실에 놔두려고요? 길냥이들 먹을 거 없으면 쥐 같은 거 물어올지 모르는데?"

박은주가 심각한 표정으로 현수에게 물었다.

"아, 그게 사실은… 그것도 그러네요."

고양이들이 아직 젖도 안 뗀 새끼고양이라는 말을 하려다가 현수는 말을 얼버무렸다. 지하실에 한 손으로 쥘 수 있을 만큼 작고 앙증맞은 새끼고양이 세 마리가 있다고 알리는 순간 다들 우르르 몰려갈 게 뻔했다. 서로 만지려고 조심성 없이 내미는 손에 애들이 스트레스를 받을 수 있었다. 아까 경술과 지하실을 나올 때 현수는 고양이들을 3층 거실에 갖다 두려 했는데 경술이 말렸다. 혹시 어미가 먹이를 구해 돌아올지 모른다고 잠시 둬보자고 했다.

"집 안에 터를 잡은 고양이들은 진짜 길냥이들하고는 못 어울려. 사람 체취가 난다 싶으면 길냥이들이 끼워주지 않거든. 물어 죽이기도 하고."

고양이 가족을 소재로 애니메이션을 만든 적이 있는 안 감독이 말했다.

"살벌하구먼."

"생존본능이 원체 살벌하지. 잔인하기도 하고."

"그래서 우리가 시방 날씨도 좋은 휴일에 여기서 죽치고 있음이야."

다들 고양이 담론에 귀를 기울이고 있었던지 출입문에서 왼쪽 벽을 등 뒤로 하고 앉은 한의사와 김 사장이 너스레를 떨었다. 소설 동아리를 같이 한다는 한의사와 영상 장비 대여업체 김 사장은 주로 저녁시간에 나타나는데 오늘은 둘 다 일찍부터 나와 있었다. 환풍기 청소로 자금을 조달하면서 창작 공모전을 준비하는 웹툰도 일거리가 들어오지 않는지 아침부터 자기 책상에 붙어 있었다. 현수까지 여덟 명 전원이 다 나와 있는 것을 확인하자 작업실 공간이 꽉 차는 느낌이었다. 현수는 슬리퍼를 벗고 운동화로 갈아 신었다. 한 사람이라도 빠져 주는 게 공기정화에 좋지 싶었다.

"나가려고?"

타고난 기질인 듯 언제나 주변 상황을 파악하고 있는 안 감독이 물었다.

"네, 좀……."

좀 전부터 먹을 게 당기기도 했다. 오후 내내 지하실을 둘러보고 경술과 용돈 문제로 실랑이를 하느라 에너지를 써서인지 허기가 졌다. 편의점에서 먹을 걸 좀 사서 방에 틀어박혀 게임이나 해야겠다 싶었다. 요 며칠 일상의 즐거움인 만화와 게임을 너무 멀리한 것 같았다. 소소한 일상의 즐거움이 삶의 축이라 해도 과언이 아닌 현수한테 이건 좋은 징조가 아니었다. 누수 문제는 일단 해결이 됐으니 그렇다 쳐도, SNS든 어디든 송찬우에 대한 글을 올려야 한다는 생각 자체가 심한 스트레스였다. 복수를 꿈꾸며 현수의 글을 기다릴 세라를 생각하면 마음이 편치 않았다.

"그렇게 보는 시각이 잘못된 거지. 사람이든 고양이든 생존을 향한 본능은 아름다운 건데……."

고양이에 대한 담소를 접은 파장 분위기에서 뒷북을 칠 사람은 장편밖에 없었다. 다들 잠잠했다. 살벌하지. 잔인하기도 하고. 고양이의 본능에 대해 떠들었던 한의사나 김 사장이 한마디 해줄 만한데 조용했다. 둘 다 거북목을 한 채 모니터를 들여다보며 키보드를 두드리고 있었다. 아무도 받아주지 않은 장편의 목소리가 소화되지 않고 굳은 젤리처럼 어정쩡한 상태로 공중에 떠 있는 게 눈에 보일 지경이었다. 이제 곧 얼굴을 바르르 떨면서 틱 증상을 드러낼 장편의 딱한 모습을 보게 될 참이었다.

"하긴, 본능 자체는 죄가 없죠."

장편의 귀에 들리게, 그러나 대화가 이어질 정도는 아니게 현수가 우물거리며 말했다. 수다로 보낸 시간을 벌충하듯 서로에게 시침을 떼면서 불시에 가라앉는 순간이 철공소에는 자주 있었다. 이럴 때 현수는 서늘해졌다. 철학공작소의 이런 순간들을 현수는 일종의 존경심과 조심스러움을 갖고 받아들였다. 초봄의 휴일을 피해 한 명도 빠짐없이 나와 자리를 지키고 있는 작업실은 현수마저 이방인으로 내모는 그들만의 공작소이고, 꿈의 공장이었다. 길고양이에게 쫓긴 어미고양이가 뒤뚱거리며 지하실로 숨어들 듯 현수는 자신의 동굴 속으로 숨어들기 위해 철공소를 나왔다.

버킷리스트

　기린시장 정류장에서 내려 시끌벅적한 아케이드를 지나자 새마을금고가 보였다. 새마을금고가 들어 있는 건물 입구에서서 현수는 주머니에 든 명함을 꺼내 층수를 다시 확인했다. 엘리베이터에서 꼭대기 층인 5층을 누르고 거울을 보았다. 잠을 잘못 잤는지 머리가 한쪽으로 뻗쳐 있었다.

　♡하모니 결혼중매소♡

　예쁘장한 문패가 달려 있는 문 앞에서 현수는 심호흡을 하고 손잡이를 잡았다.
　"누구신가?"
　계단을 내려오던 여자가 현수에게 물었다. 가까이 온 여자한테서 담배냄새가 났다.
　"강세라 소장님 좀 뵈려고요."
　"상담하실라고? 추운데 들오지."
　여자가 문을 활짝 열고 먼저 들어가라는 시늉을 했다.
　"커피? 녹차? 우리 잘생긴 총각한테 뭣을 좀 드릴까?"

"아, 저기, 제가 상담하려고 온 게 아니고요."

현수는 소파에 앉으려다 도로 일어서며 손을 내저었다. 시장 주변에 커피숍도 있던데 사무실까지 오랄 건 뭐람. 속으로 투덜대며 현수가 입을 열었다.

"사실은 세라 고모가……."

"아이그, 알아요, 알아. 강 소장 조카라며? 강현수? 아니, 민현수인가? 곧 올 거니까 편히 앉아요."

'김정숙 소장'이라는 명패가 놓인 책상 옆으로 가면서 여자가 말했다.

사무실은 생각보다 좁았다. 좁아서 좁다기보다 창가에 놓인 크고 작은 화분과 가습기와 고운 색깔의 돌멩이가 들어 있는 유리병들, 책상 두 개를 덮고 있는 사무용품과 두꺼운 파일들로 사무실 공간이 꽉 찬 느낌이었다. 한쪽 벽면을 가린 책장에는 소설과 에세이와 잡지가 빼곡하게 꽂혔고, 군데군데 봉사활동 감사패와 액자사진이 세워져 있었다.

"만화도 있네요?"

현수가 반가운 듯 말했다. 책장 한쪽에 몰려 있는 『치에코씨의 소소한 행복』, 『신과 함께』, 『노다메 칸타빌레』, 『아만자』가 눈에 띄었다. 『신과 함께』와 『아만자』는 현수도 좋아하는 만화였다. 요시다 아키미는 시리즈별로 구비해놓은 듯 한 칸에 조르륵 꽂혀 있었다.

"강 소장이 저렇게 사 모은다. 한가한 날은 만화책 펴 들고 있어. 뭔 재미로 보는지."

책상에 놓여 있던 휴대폰을 들여다보면서 정숙이 말했다.

"세라 고모가요?"

뜻밖이었다. 세라가 미간에 주름을 세운 채 만화를 보고 있는 모습을 떠올리자 피식 웃음이 나왔다.

"왜, 강 소장이 고등학교 때부터 만화를 좋아했어. 공책 뒤에 만화 그리다 선생님한테 들켜 야단도 맞고…… . 만화가가 되고 싶댔는데 학예회 연극 바람에 꿈이 날아갔지."

정숙이 휴대폰을 내려놓고 출입문 쪽으로 갔다. 출입문에서 45도로 비스듬히 꺾어지는 벽에 작은 문이 있었다. 한가운데가 마름모꼴 유리창으로 장식된 문을 열자 싱크대와 냉장고가 보였다. 정숙이 들어가자 문이 저절로 닫혔다.

"다른 직원은 없어요?"

현수가 마름모꼴의 불투명한 유리를 보며 물었다.

"그런 거 없어. 둘이서 꽁냥꽁냥 해도 충분해."

잠시 후 문이 열리고 정숙이 머그잔 두 개를 쟁반에 받쳐 들고 나왔다.

"우린 처음부터 일 크게 벌이지 말자고 했거든. 요즘은 컴퓨터 프로그램이 좋아서 따로 직원을 둘 필요도 없고."

머그잔을 탁자에 내려놓고 정숙이 탁자 맞은편 소파에 앉았다. 정숙은 살집 좋은 어깨에 상반신이 둥글둥글하고, 얼굴도 둥글둥글해서 세라하고는 완전 딴판이었다. 현수를 보고 있는 정숙의 눈에 웃음기가 어렸다. 정숙이 벙글벙글 웃으면서 바라보는 게 부담스러워 현수는 질문을 계속했다.

"프로그램이라면, 어떤 프로그램인데요?"

"매칭 시스템 프로그램. 입회할 때 신상정보랑 희망조건을 입력하면 알아서 짝을 지어줘."

"아, 네."

어떤 프로그램인지 대충 알 것 같았다. 회원들의 희망조건과 점수로 환산한 스펙이 서로 일치하는 순서로 연결시키는 프로그램일 것이다.

"이따 강 소장 오거든 현수 조카도 한번 해봐. 이게 5순위까지 짝을 지어주는데, 특별히 무료로 해줄게."

"아뇨, 저는 아직······."

현수는 이마를 긁으면서 얼굴을 붉혔다. 정숙이 머그잔을 입으로 가져가며 웃었다. 뚱뚱한 사람 처음 보나. 왜 자꾸 웃지. 뚱해지는 순간 머릿속에 물음표가 반짝 켜졌다가 꺼졌다. 좀 전에 정숙이 말했던 어떤 대목에서 뭔가 신경에 탁 걸렸는데…

"그 매칭 프로그램 작업은 누가 해요? 김 소장님이 하세요?"

"나?"

정숙이 둥그런 눈을 더 크게 뜨더니 팔을 저었다.

"나는 그런 갑갑한 일을 못해. 사무실 일은 다 강 소장 담당이야. 회원들 관리며 경리, 회계 전부 저걸로 다해. 멋들어진 시를 그림에 턱 얹어서 우리 홈피에 올리기도 하고, 아주 컴퓨터 도사야."

정숙의 말에 현수는 머리를 한 대 쾅 쥐어 박힌 느낌이었다. 현수 앞에서 컴맹인 것처럼 굴던 세라는 최소한 회원관리프로그램과 경리회계프로그램을 다룰 줄 알았던 것이다. 머그잔에 든 커피를 홀홀 마시던 정숙이 일어나 자기 책상 쪽으로 갔다. 책상 위에서 부르르 떨어대는 휴대폰을 귀에 대고는 현수를 향해 눈을 찡긋했다. 어, 나야. 지금 와 있어. 정숙이 휴대폰에 대고 말했다. 세라의 전화인 듯했다. 정숙이 아이고 알았다니까, 하는 말을 반복하며 무슨 말을 했지만 귀에 들어오지 않았다.

컴퓨터 다루는 것도 어렵고 글을 써서 인터넷에 올리는 것도 서툴러서 그래.

현수의 머릿속에서는 며칠 전 맥도날드에서 세라가 했던 말이 왕왕거렸다.

"강 소장이 척추도 해야 하고, 물리치료가 길어질 거라네. 한 시 지나서 올 거 같으니까 전화 몇 통 돌리고 점심 먹으러 가요."

"아, 아뇨. 전 괜찮아요."

현수가 손을 내저으며 시계를 흘깃 봤다. 열한 시 삼십 분을 지나고 있었다.

"저 잠깐 나갔다 올게요. 시장 구경도 좀 하고. 한 시 안에 들어올게요."

"뭔 소리야. 시장 구경할 게 뭐 있다고. 조카 점심 안 먹으면 나중에 세라한테 내가 쿠사리 먹어."

네, 그럼… 현수가 웅얼거렸다. 용돈도 떨어진 판에 점심 한 끼 때워서 나쁠 건 없지 뭐.

통화를 연달아 몇 통 하고 나서 정숙은 건물 뒤편 식당으로 현수를 데려갔다. 식당 이름이 앞뒤 없이 '가정식 백반'이었다. 메뉴판으로 쓰는 어린이용 화이트보드에 '오늘의 백반 고등어조림'이라고 손글씨가 쓰여 있었다.

"여기 백반 유명해. 젊은 사람들이 일부러 찾아와서 밥상 사진도 찍어가데."

방에 자리를 잡고 앉으며 정숙이 일러주었다.

"이 집 딸내미 중매를 내가 섰잖아. 그때는 내가 보험 할 때였거든. 중매 잘 섰다고 이 집에서만 네 계좌를 들어줬다니까 글쎄."

"보험 하셨어요?"

둔내리에 내려가기 전, 그러니까 명수가 죽기 전에 복임도 몇 달간 보험회사에 나갔다. 현수의 기억으로는 초등학교 2학년 새학기가 시작됐을 무렵이었다. 복임은 아침마다 정장을 차려입고 집을 나갔다. 명수와 현수는 복임이 회사에 출근하는 모습이 신기했다. 경술이 출근하고 나면 설거지를 마친 복임이 화장을 하고, 투피스 정장으로 갈아입고, 숄더백과 두툼한 파일을 팔에 껴안고 집을 나섰다. 두어 달이 지난 어느 날, 복임이 마루에 파일을 펴놓고 명수와 현수를 불렀다. 마당에서 함께 구슬치기를 하면서 놀던 명수와 현수는 복임에게 달려갔다.

"엄마가 명수랑 현수 교육보험을 들어놨어."

복임이 들뜬 목소리로 말하며 명수와 현수를 양팔로 끌어 안았다. 복임에게서 나는 진한 화장품 냄새에 명수와 현수는 꽥꽥거리며 떨어졌다. 복임이 보험을 하러 다니기 시작하면 서 값나가는 장난감이 하나둘 생겼다. 그해 여름방학이 끝날 즈음이었다. 복임이 회사에서 아직 돌아오지 않은 오후에 자 전거가 배달돼 왔다. 먼저 자전거에 올라탄 명수는 오후 내내 마당을 돌며 연습을 했다.

"형아, 나도 타보자."

"나중에."

"나중에 언제? 아까부터 형아만 탔잖아."

명수는 현수의 말이 들리지 않는 척 페달을 밟으며 마당을 빙빙 돌았다.

"씨, 엄마 오면 다 이를 거야."

"백번 일러봐라. 병신아. 엄마는 네 편 안 들어주거든."

그건, 그랬다. 엄마한테는 늘 명수 형이 먼저였다. 새 장난 감은 언제나 명수가 먼저고, 새 옷도 새 신발도 명수가 먼저 였다. 명수 것을 살 때 현수한테 같은 걸 사줄 때도 있었지만, 현수는 주로 명수가 쓰던 것을 물려받았다. 외식하는 날 경양 식 집에 가면 복임은 돈가스를 뚝 떼어내 명수 접시에만 담아 주었다. 명수가 형이니까. 매번 복임이 덧붙이는 말이었다.

명수가 형이지만, 돈가스는 몰라도 자전거를 포기할 수는 없었다. 명수는 현수가 고장 낸다고 자전거에 손도 대지 못하게 했다. 현수는 화단 옆에 세워둔 자전거를 타려고 달려가다가 명수가 내민 발에 걸려 마당에 코를 박았다.

"그러면 안 되지. 둘이서 번갈아 가면서 타야지."

현수의 고자질에 먼저 퇴근한 경술이 성의 없이 타일렀다.

"명수야, 혼자만 타지 말고 현수도 한번 타게 해줘. 알았지?"

저녁밥상에서 복임이 명수에게 약속을 받아냈다. 명수가 자전거 주인인 것처럼 말하는 복임의 말에 현수는 낮에 넘어졌을 때보다 더 분하고 서운했다. 심지어 명수는 현수에게 한번 타게 해주라는 말도 듣지 않았다. 어른들이 출근하고 없는 집에서 두 살 터울의 형은 동생에게 제왕이고 재앙이었다.

"강 소장 조칸데 우리 언니 음식 맛 좀 보여주려고 데려왔어요."

손을 닦고 오겠다며 나갔던 정숙이 음식상을 든 아주머니 뒤를 따라 들어왔다. 음식을 늘어놓는 아주머니에게 정숙이 치사를 했다.

"어휴, 이렇게 주고 나면 뭐가 남아."

"맛나게 잡수시오. 모자라면 더 드릴 텐께 총각도 많이 자시오."

식당 아주머니가 인정스럽게 말하고 나갔다. 정숙이 밥상을 훑으며 흡족하다는 표정을 지었다.

"시장통에 가까운 식당들이 인심이 좋아. 여기 올 때 버스 타고 왔으면 기린시장 안으로 해서 왔겠네?"

먹는 거 앞에서는 오직 먹는 데만 집중하는 현수와 달리 정숙은 음식을 먹으면서 수다를 그치지 않았다.

"네, 아케이드 안으로요. 손님들 많던데요."

"돈이 도는 시장이지. 내가 보험 할 때 딱 알아보고 여길 내 구역으로 잡았잖아. 대소사 챙겨주고, 어느 집에 노처녀가 있다 하면 선 자리도 알아봐 주고… 보험 할 때도 중매 해달라는 사람들이 그렇게 많더라고. 그래서 보험대리점에 있던 강 소장을 꾀어냈지. 그때는 세라가 대리점 경리로 있었거든. 출판사 나와서 헤맬 때 내가 거기 넣어줬잖아. 엄마야, 꼬막 이거 너무 맛있네. 맛있지?"

"네, 맛있어요."

진짜 맛있었다. 꼬막무침뿐 아니라 고등어조림도 신선하고 구수했다. 입에 넣자마자 담백한 살이 부드럽게 씹히면서 목구멍으로 저절로 넘어갔다. 경술이나 현수나 밥상 차리는 게 지겨워서 종종 백반을 시켜 먹는데, 복임이 차려주는 밥상과는 한참 달랐다. 이 집은 말 그대로 가정식 백반이었다.

"이 동네 사무실 내고 시장 사람들이 우릴 많이 도와줬어. 우리가 욕심 안 부리고 회원들 입장에서 일을 좋게 하니까 서로 신뢰가 쌓였지. 이제 기 빨려가며 영업 안 해도 될 만치 자리를 잡았는데, 글쎄 강 소장이 고만둔다고 고집이다."

"세라 고모가 정말 일을 그만두나 보죠?"

"현수 조카한테도 그랬어? 그만둔다고?"

"할 일이 있다고……."

91

현수는 메추리알을 입안에 잔뜩 집어넣고 말을 얼버무렸다. 친구이자 동업자인 정숙에게 못한 말을 자신에게만 털어놓았을 것 같지는 않지만 그래도 모를 일이었다.

"할 일? 무슨 할 일?"

정숙이 밥을 국에 말아서 숟가락을 꽂아놓고 물었다.

"그게……."

"송찬우 그 자식 죽이재?"

정숙이 아무렇지 않게 꺼내놓은 말에 현수가 얼빠진 표정으로 물었다.

"아셨어요?"

"송찬우? 그럼 모를까. 우리 고등학교 때 연극부 강사로 온 놈이지. 그 시절에는 연극이 붐이어서 인문계는 모르겠는데 상고나 여상에는 연극부가 더러 있었거든. 첫날 강사로 와서 하는 거 보니까 딱 알겠더라. 저거 사이비다. 내가 촉이 좋잖아. 세라가 한창 그 인간하고 붙어 다닐 때 내가 그렇게 말렸다. 말린다고 듣나. 눈에 뭐가 씌어놓으니 이게 내 말을 들어 처먹질 않더라. 그래놓고 이제 와서 왜 저러는지 모르겠다. 아닌 말로 그 자식 죽이려면 애까지 두고 튀었을 때 진작 죽였어야지."

현수는 숟가락질을 멈췄다. 애까지 두고… 애가 있다는 말을 세라는 한 적이 없다.

"뭘 놀래. 현수 조카 시켜서 송찬우를 작살낼 거라고 세라가 이야길 다 해주더만."

역시 돈 문제가 아니었던 거다. 그 사람은 가족이 있는 삶에 대해 말할 자격이 없어. 흉하게 얼굴을 일그러뜨리던 세라의 표정이 떠올랐다.

"예전에는 사생아라고 소문나면 다들 손가락질하고 그랬어. 사생아하고 친해질까 봐 자기애 반을 바꿔달라는 여편네도 있었어. 세상엔 덜떨어진 인간들 참 많아요."

정숙은 말을 하면서 흥분했는지 우거짓국에 반찬을 마구 퍼 담았다. 돼지국밥처럼 만들어놓은 국밥을 먹느라 잠시 조용해진 정숙을 보고 있다가 현수가 물었다.

"세라 고모한테 애가 있어요?"

"애 없어."

정숙이 말했다.

"금방 애 있다고……."

"두 살 땐가 세 살 땐가 미국으로 입양 보냈어. 사생아로 기르느니 그 편이 백번 낫지. 강 소장이 노상 통증에 시달리고 몸이 뻣뻣해져서 물리치료 받고 하는 거, 그거 다 마음에 골병이 들어서야. 원래 몸이 좀 안 좋긴 했지만 저 정도는 아니었거든. 오죽하면 이제 와서 저 착해빠진 것이 죽기 전에 코 푼다고 난리겠어. 암튼 요 며칠 현수 조카 이야기만 하던데, 조카 노릇 잘해줘. 그렇다고 강 소장이 누구한테 폐 끼치고 그럴 사람도 아니고."

"네……."

조카 노릇이라는 말이 생뚱맞게 들렸지만 현수는 그냥 듣고 넘겼다. 친조카가 아닌 것을 정숙도 모르지는 않을 것이다.

"진짜 마음 좀 써줘. 이런 말 하긴 그런데, 조카한테도 나쁠 거 없어. 강 소장이 워낙 야무져서 저래 봬도 형편이 남부럽잖아."

*

기다란 소파에 옆으로 누워 있던 세라가 두 사람이 들어오는 것을 보고 몸을 일으켰다. 병원에 있다가 와서 그런지 창백한 얼굴이 누가 봐도 병자 같았다. 세라가 부스스한 머리를 손으로 만지며 소파 한쪽으로 옮겨 앉았다.

"점심은? 또 거른 거 아니지?"

정숙이 세라 맞은편 소파에 앉으며 물었다.

"백반집 갔다 왔어?"

"응, 이따 퇴근할 때 가서 꼬막 좀 얻어 가려고. 그 인간이 꼬막이라면 사족을 못 쓰잖아. 우리 애들도 좋아하고."

현수는 일인용 소파에 엉덩이를 내려놓았다. 잠시 입을 다물고 앉아 세라와 정숙이 주고받는 잡담을 들었다. 착각인지 모르지만 현수가 책장을 훑어보다 고개를 돌리는 순간 세라와 정숙이 눈짓으로 신호를 주고받는 낌새였다.

뭐야, 이 수상한 분위기는. 아줌마 둘이서 나를 놓고 신호를 주고받을 일이 있나.

현수는 부루퉁한 표정으로 두 사람을 번갈아 보았다. 느낌상, 현수하고 시간을 어떻게 보냈는지 묻고 별일은 없었다고 대답하는 분위기였다. 또한 느낌상, 세라는 어차피 점심시간을 넘긴 시간에 올 거면서 약속시간을 일찍 잡았을 거라는 확신이 들었다. 굳이 열한 시까지 사무실로 현수를 오라고 한 건 엄청 말 많은 정숙을 만나게 하려고 그랬을 것이다. 정숙이 한 얘기 중에서 세라가 말하지 못할 무슨 특별한 정보라도 있었던가. 백반집에서 주고받았던 대화를 떠올리는데 정숙이 말했다.

"이 닦기 전에 한 대 피우고 와야겠다. 한 시 반에 회원 방문 있는데 어쩔래?"

"상담해. 난 현수랑 기린에 가서 있다 올게."

현수를 돌아본 정숙이 난데없이 공모자 같은 표정을 지었다.

"현수 조카, 내가 해준 이야기, 포인트가 뭔지 알지?"

현수는 눈을 끔벅거리며 정숙을 보았다. 정숙이 담뱃갑을 쥔 주먹으로 파이팅을 하고 나갔다. 현수는 포인트가 뭐였는지 전혀 감이 잡히지 않았다. 죽어 마땅한 송찬우? 미국으로 입양된 애 이야기? 세라 고모의 조카 노릇? 한 시간 남짓 쏟아놓은 정숙의 수다가 국그릇에 몰아넣은 밥과 반찬들처럼 걸쭉하게 섞여서 포인트를 짐작할 수가 없었다.

세라는 아케이드를 통과해서 기린시장 입구에 있는 2층 카페로 갔다. 아까 버스에서 내리면서 봤던 카페였다. 카페 문을 열고 들어가자 냅킨을 정리하고 있던 남자가 세라를 보고 어색하게 웃었다. 세라도 남자를 보며 어색하게 웃었다. 어색한

농도와 웃음의 색깔이 비슷해 보였다.

세라가 햇볕이 들어오는 창가 테이블로 가서 앉았다. 현수는 세라 맞은편에 앉았다.

"그 자리, 눈이 시릴 것 같은데요."

현수가 앉은 자리 바로 옆은 창과 창 사이의 벽이어서 그늘이었다.

"의사 명령이야. 골다공증으로 뼛속이 비었으니까 무조건 햇볕을 많이 받으래."

그렇게 말하면서 세라가 가방에서 선글라스를 꺼냈다.

세라는 선글라스를 끼고 잠자코 현수를 바라보았다. 새까만 선글라스를 쓴 사람과 이렇게 가까이서 마주 보며 앉아 있기는 처음이었다. 선글라스에 꽉 찬 자신의 얼굴을 바라보고 있자니 편치가 않았다.

현수는 눈길을 돌려 카페를 둘러보았다. 기린시장 입구여서 위치가 좋은 것 같은데 손님이 없었다. 카페 남자가 One Summer's Day로 음악을 바꿨다. 커피가 끓고 있는 사이폰 옆에서 카페 남자가 모니터를 들여다보고 있었다. 유튜브로 음악을 고르는 것 같았다.

"음, 이 곡 좋더라."

허리를 꼿꼿이 세운 채 새까만 선글라스를 끼고 있어서 장님처럼 보이는 세라가 입을 뗐다.

"히사이시 조 좋아하세요?"

"쉬고 싶을 때 여기 와서 앉았다 가는데, 이 곡을 잘 틀어줘."

세라가 음악을 감상하려는지 입을 다물었다.

"겨울 끝무렵에 어울리는 곡이죠?"

카페 남자가 폼나게 인사를 하며 커피를 내려놓았다. 세라 앞에는 반쯤 찬 드립커피를, 현수 앞에는 우유거품이 두껍게 올라앉은 카푸치노를 놓았다. 따로 주문을 넣지 않았는데 어떻게 알고, 하는 눈길로 현수가 남자를 쳐다보았다.

"취향이 아니시면 드립커피를 내려 드리겠습니다."

"아니, 이거 좋아요."

현수가 얼른 커피잔을 들어 입에 가져갔다. 커피 중에 제일 좋아하는 게 카푸치노였다. 너무 독하거나 진하지 않으면서 부드럽고 달달한 맛이 현수의 입에 맞았다.

"맛이 좋은데요."

입에 우유거품을 묻힌 채 현수가 말했다. 카페 남자가 고개를 약간 숙였다. 맛있게 드세요. 남자가 인사를 하고 주방으로 갔다. 입가에 희미한 웃음을 묻힌 채 남자의 뒷모습을 바라보던 세라가 고개를 돌렸다. 선글라스를 쓰고 있어 세라가 무엇을 보고 있는지 잘 분간이 되지 않았다.

"카푸치노가 왜 카푸치노인지 아세요?"

커피 잔 위에서 흔들거리는 우유거품에 입에 대며 현수가 세라에게 물었다. 세라의 눈길이 현수가 쥐고 있는 커피 잔을 물끄러미 보고 있는 듯했다.

"카페라떼하고 들어가는 건 똑같아요. 에스프레소, 우유, 우

유거품. 이 세 가지 중에 우유거품이 조금 더 많은 걸 카푸치
노라고 해요. 이 이름이 어디서 유래됐냐면…….”

세라는 선글라스 뒤에서 무표정한 얼굴로 앉아 있었다. 피
곤해 보였다. 정숙이 세라와 통화할 때 척추 어쩌고 하던 게
기억났다. 세라가 어쩌면 심각하게 아픈 사람인지도 모르겠
다는 생각이 들었다.

“김 소장님 말씀이 월요일마다 병원 가신다면서요?”

“음, 염증수치도 확인하고 물리치료도 받고…….”

세라는 치료에 대해 자세히 말하고 싶어 하지 않는 눈치였
다. 현수는 아까부터 망설이던 말을 꺼냈다.

“궁금한 게 하나 있는데요.”

세라가 눈썹을 치켜세웠다. 선글라스 뒤에서 깜박이는 눈이
어렴풋이 보였다.

“그날 저 우연히 만났잖아요. 우연히… 맞죠?”

세라는 대답하지 않고 가만히 있었다. 선글라스 때문에 세
라의 표정을 읽을 수가 없었다. 현수가 다시 말을 이었다.

“저를 만나지 않았으면, 송찬우 작살내는 아르바이트요, 다
른 누구한테 그 일을 맡기려고 했어요?”

“아니. 그러지 않았겠지.”

“그러니까요. 생각해보니까 이상하더라고요. 왜 하필 저한
테…….”

고개를 한쪽으로 기울이고서 대답을 궁리하는 듯싶던 세라
가 한숨을 내쉬었다.

"부딪쳐보면 잘했다 싶을 거야. 현수한테 나쁜 일 아니야."

그거야 모를 일이었다. 현수는 탁 털어놓고 물었다.

"혹시 우리 아버지한테 갚을 돈, 백수로 빌빌거리는 저한테 줘버리자. 뭐 그런 거예요? 일은 그냥 핑계고?"

"왜, 이 일을 하기 싫어서 그래?"

싫다면 굳이 일을 맡기고 싶지 않다는 투로 세라가 말했다. 현수는 들어 올렸던 커피 잔을 도로 내려놓았다. 갑자기 냉정해진 말투가 은근히 서운했다. 싫으면 그만두렴. 어리광을 머쓱하게 만드는 복임의 차분하고 냉정한 말투를 현수는 싫어했다. 손을 탁 놓아버리는 것 같은 말투에 현수는 매번 마음을 다쳤다. 세상에는 결코 면역이 되지 않는 게 있는 법이다.

"아뇨, 하기 싫다는 게 아니라… 실은 어젯밤에 글을 하나 올려놓긴 했어요."

현수가 주눅 든 애처럼 더듬거리며 말했다. 세라가 선글라스를 벗고 현수를 의미심장하게 바라보았다.

"잘했다. 읽으려면 어디로 들어가면 돼?"

세라가 물었다.

"양명신문사 홈피에 올렸어요. 자유게시판에요. 아침에 들어가서 봤는데 몇 명 읽지도 않았더라고요."

"일요일 밤에 올리고 오늘 아침에 확인했으면 조회수가 적은 게 당연하지."

세라가 말했다.

"그건, 그렇죠. 제목을 '돈 떼먹고 오리발'로 붙였어요. 실명은 안 밝히고요."

"잘했네."

"실명 밝힐까요?"

"한 번 올리고 말 건 아니잖니. 다음번에 봐서."

세라가 한발 빼는 투로 말하고 다시 선글라스를 썼다.

"아까 김 소장님이 저한테 세라 고모 이야기를 들려줬어요. 아이 이야기도 했고요."

현수는 선글라스에 비친 자신의 얼굴을 보면서 말을 꺼냈다. 세라는 계속해보라는 듯 가만히 있었다.

"미국에 양자로 보냈다는 이야기 들었어요. 송찬우하고 어떤 관계였는지도 들었고요. 앞으로 글을 계속 올려서 송찬우를 건드리면 그 피해자가 고모였다는 게 주변사람들한테 알려질 수 있어요. 어쩌면 그 아이한테도요. 그런데도 이 일을 계속해요?"

현수는 세라가 선글라스 뒤에서 자신을 쏘아보는 게 느껴졌다.

"그냥 해."

세라가 딱 잘라 말했다.

*

기린시장에서 집까지 바로 가는 버스는 82-1번 한 대뿐이었다. 현수는 안내표지판 옆에 있는 벤치에 엉덩이를 걸치고 휴대폰을 꺼내 RPG에 접속했다. 며칠 전에 새로 깐 건데 업데이트가 줄줄이 떴다. 이크, 싫어 바로 빠져나왔다. 요금폭탄 맞으면 이번 달에는 죽음이었다.

"아직 안 가고 있었네."

현수는 익숙해진 목소리의 주인공에게 고개를 돌렸다. 카페에서 나와 아케이드로 타박타박 걸어갔던 세라가 옆에 서 있었다.

"같이 갈 데가 있어. 오후에 시간 있지?"

"아뇨, 저……."

"택시 온다."

세라가 손을 들어 택시를 잡았다. 백수가 불편한 게 바로 이럴 때다. 바쁜 것으로 치면 직장인보다 크게 덜 바쁜 것도 아닌데 해야 할 일을 대기가 마땅치 않다는 것. 세라를 방문하느라 날린 오늘 오전과 오후의 몇 시간에 대해 백수라는 이유로 생색을 낼 수조차 없다. 억울한 노릇이었다. 남들한테야 백수의 하루지만, 사실 현수의 하루는 일과 놀이와 휴식이 절묘하게 균형을 이루고 있었다. 게으르고 한갓져 보인다고 해서 함부로 끼어들어 균형을 깨는 건 온당치 않았다.

현수의 하루는 아침을 먹고 2층 철공소로 내려가는 것으로 시작된다. 철공소를 들어서면 일단은 관리자 모드로 움직인다. 작업실 환기를 시키고 화장실을 청소하고 복도에 내놓은 쓰레기통 비우기를 일사천리로 해치운다. 일주일에 한 번, 계단청소도 한다. 늦잠을 잤을 경우, 이 모든 과정을 과감하게 생략한다.

컴퓨터 앞에 앉아 맨 처음 하는 일은 즐겨찾기를 해놓은 사이트를 열어보는 거다. 사이트를 돌아보며 링크를 걸어놨거나 복사해 온 뉴스를 훑는다. 어떤 것은 재빨리, 어떤 것은 차분히. 취향에 맞는 사람들에 의해 걸러진 뉴스를 읽으면 세상을 편파적으로 보게 되는 위험이 있지만, 스트레스를 받을 위험은 줄어든다. 정치뉴스가 아니어도 세상에는 열 받게 하는 일이 많다. 뭐 저딴 인종이 다 있나 싶은 사람도 많고, 보고 듣는 것만으로 외상후스트레스장애에 시달릴 것 같은 사건도 많다. 거슬리는 세상은 할 수 있는 한 차단하는 게 좋다.

점심을 먹고 나서는 그때그때 흥밋거리로 다루는 주제를 집중적으로 서치한다. 좀비영화가 유행할 때 현수는 왠지 모르게 좀비에 끌려서 관련된 글들을 모조리 찾아 읽었다. 작년에는 수제맥주에 꽂혀 구글 지도를 띄워놓고 지구 곳곳에서 만들어지는 수제맥주를 추적하고 맥주박물관을 뒤졌다. 맥주에 대한 자료를 읽고 음미한 다음에는 수제막걸리를, 수제막걸리 다음에는 전통주 제조법까지 밀고 나갔다. 그냥 읽고 넘어가는 게 있고, 자료가치가 높거나 삭제될 가능성이 있는 것들은 따로 긁거나 캡처해서 자신이 운영하는 비공개 카페에 저장했다.

세 시쯤에는 집으로 올라가 짧은 낮잠을 잤다. 낮잠 대신 만화를 보거나 게임을 하며 침대에서 미적거리기도 했다. 철공소로 돌아온 오후는 연관검색어의 시간대라 할 수 있었다. 눈앞에 음식이 있으면 바닥이 보일 때까지 숟가락질을 멈추지 않는 폭식가답게 현수는 눈에 띄는 것들을 모조리 읽어치웠다. 음식에서나 읽을거리에서나 맛이나 질을 크게 따지지 않았다. 모든 게 대체가능한 세상에서 2프로 부족하다는 식으로 까탈을 부리는 건 고약한 태도라고 현수는 생각했다.

머리가 포화상태가 되면 소화 장애가 온 것처럼 머리와 몸이 동시에 뻑적지근해졌다. 그럴 때는 다음 팁이나 네이버 지식인 같은 문답 서비스에 들어가서 답글을 썼다. 일종의 워밍업이었다. 워밍업 뒤에는 머리에 축적된 정보를 들춰가며 위키백과나 나무위키의 항목에서 잘못된 내용을 수정하고, 보충하고, 새로운 항목을 작성했다. 그러다 철공소 사람들이 하나둘 자리를 정리하고 나가면 현수도 모니터를 끄고 일어섰다.

철공소를 나오면 길모퉁이에 있는 동네슈퍼에 가거나 길 건너편 편의점에 가서 맥주와 소시지와 콘칩을 사 들고 집으로 왔다. 사 들고 온 것들을 바닥에 풀어놓고서 책장에 기대 손에 잡히는 책을 꺼내 읽었다. 뮤토렌트에 최신영화가 올라온 날은 다운로드해 끝까지 다 보고서 하루를 마감했다.

별일 없는 한 현수의 하루는 그렇게 흘렀고, 365일이 그렇게 흘렀다. 직장도 없고, 고등학교와 대학교의 동창 모임에 나가본 적이 없는 현수에게 별일이 있는 날은 거의 없었다. 마음에 드는 옷을 찾는 게 쉽지 않은 현수에게 별일 없이 흐르는 생활은 몸에 맞춰 늘어난 옷처럼 편안했다. 행복한지 불행한지 따지는 것은 어차피 의미가 없었다. 저 애가 앞으로도 저런 식으로 죽 살려는가. 복잡한 심사가 얽힌 경술의 눈길만 아니면 이대로 죽 사는 것이 현수는 나쁘지 않았다. 다른 삶을 꿈꾸지 않은 것은 아니나, 구태여 누가 묻는다면, 현수는 자신의 삶에 그런대로 만족한다고 대답했을 것이다.

세라가 보인 거의 강압적인 태도에 눌려 택시를 타고 가면서 현수는 지금 이 시간 자신이 있어야 할 철공소 구석자리에서 이어폰을 꽂은 채 에미넴이나 듣고 싶다는 생각을 했다. 오늘 처음 만난 정숙한테서 너무 많은 정보와 너무 많은 수다를 들었고, 쉴 새도 없이 세라의 새까만 선글라스를 대면한 채 신경전 아닌 신경전을 벌였다. 이미 현수는 하루치 감당할 수 있는 스트레스 총량을 넘어선 상태였다. 세라가 나타난 뒤로 자신을 둘러싼 세상이 너무나 요란하게 돌아가고 있다고 현수는 다시 한 번 생각했다.

"계속 뚱하게 있으니 내가 미안해지려고 하네."

택시에서 내리면서 세라가 말했다. 백미러로 현수의 표정을 살폈던 모양이다.

"아니에요."

현수는 누가 봐도 뚱한 표정으로 말했다. 볼살의 과다발달로 현수의 얼굴은 기분이 가라앉으면 아랫입술이 앞으로 나오고 턱이 접히면서 의도치 않게 뚱한 표정이 되었다.

"여기가 내 단골병원이야."

세라가 시립의료원 정문을 들어서며 말했다. 병원에는 왜 다니는지 물어서 여기를 데려온 건가. 현수가 걸음을 멈췄다,

"뭐해? 안 오고."

세라가 걸어가다 말고 현수를 돌아보았다.

"저, 피 보면 기절하는 타입이에요. 오죽하면 공익 받았겠어요."

현수가 울부짖듯 외쳤다. 놀란 눈으로 현수를 쳐다보던 세라가 큰소리로 웃었다. 눈가에 주름을 접으면서 정말 웃는 것처럼 웃더니 현수에게 되돌아왔다.

"피를 보는 게 그렇게 무서워?"

"병원에서 명수 형이 죽었거든요."

우는 소리를 질러댄 게 부끄러워 현수는 엉겁결에 명수를 끌어댔다.

"명수 형이 피범벅이 돼서 병원에 실려 가는 거 보고 나서부터 이래요. 트라우마가 됐나 봐요."

명수가 실려 가던 날, 경술과 복임은 병원에서 밤을 보냈고 현수는 집에 남았다. 명수가 피를 흘리며 실려 가던 장면을 생각하면서 밤새 혼자 있었다. 다음 날 아침 경술이 집으로 와서 현수를 데리고 병원에 갔다. 현수는 명수를 만나지 못했다. 명수는 이미 영안실로 옮겨진 뒤였다. 누구도 현수에게 명수를 보여주지 않았다. 보고 싶으냐고 물어보지도 않았다.

"병원 가는 거 아냐. 영안실에 가는 것도 아니고."

세라가 말했다.

세라가 현수를 데리고 간 곳은 병원본관 오른쪽에 있는 별채 건물이었다. 건물입구에 '시립의료원 참좋은사랑후원회'라는 열세 글자를 욱여넣은 세로 현판이 붙어 있었다.

"시립의료원 후원단체에서 정기적으로 미술 전시를 하는데 이번 달에는 연극공연을 하더라. 아침에 팸플릿 나눠주길래 잠시 들어가서 봤지. 아주 인상적이었어."

세라가 설치미술을 전시 중인 듯한 갤러리 안으로 들어갔다. 사방 벽면에 붙은 그림과 모니터에 떠 있는 사진이 한눈에 봐도 조잡했다. 출입문 맞은편 벽 쪽으로 병풍이 세워져 있고, 그 앞에 제상이 차려져 있었다. 현수는 한숨을 세게 내쉬었다. 세라는 딴청을 부렸다.

"아, 시작하나 보다."

병풍 뒤에서 인기척이 나더니 마흔 언저리의 벌거벗은 남자가 튀어나왔다. 현수는 누드로 성큼성큼 다가오는 남자를 보며 헉, 소리를 냈다. 놀라준 데 대한 보답인지 남자가 현수한테 눈을 길게 맞췄다. 다시 보니 남자는 누드로 착각할 만큼 몸에 착 붙은 살구색 옷을 입고 있었다.

어쨌거나 화끈하게 등장한 누드 남자는 갤러리 안에 들어와 있는 관객을 찬찬히 둘러보았다. 관객은 세라와 현수 둘뿐이었다. 출입문 가까이 작은 테이블 위에 팸플릿을 쌓아놓고 단정한 자세로 서 있던 여대생 같은 여자가 두 개의 전등 가운데 하나를 껐다. 남자가 약간 실망한 것 같은 동작으로 고개를 숙이더니 제상을 향해 돌아섰다. 사이버 장례식을 보여줄 모양이었다. 병원후원단체에서 기획한 전시치고는 심히 무심했다.

"죽기 전에 하고 싶은 것들을 보여주는데, 연극 제목이 버킷 리스트야."

세라가 속삭였다.

"연극이 아니고 미디어 퍼포먼스예요. 요즘은 퍼포먼스 아트……."

"조용히 하고 봐."

세라의 말에 현수가 입을 다물었다.

누드 남자가 심호흡을 하듯 어깨를 부풀리더니 느린 동작으로 제상을 향해 큰절을 했다. 제상의 신위가 놓일 자리에 노트북이 놓여 있었다. 남자가 절을 시작하자 모니터에 누드 남자의 얼굴이 나타났다. 영정 사진이 아니고 영정 영상이었다. 영상 속 남자가 입술을 움직이며 무슨 말을 하는데 소리는 들리지 않았다.

영정 영상으로 나타난 자신의 말을 귀 기울여 듣는 포즈를 취하던 누드 남자가 오른쪽 벽으로 성큼성큼 걸어갔다. 그래봐야 네 발자국 정도였다. 남자는 벽에 붙은 추상화를 떼어내 북북 찢더니 공중으로 휙 날렸다. 그 순간 벽 군데군데 걸린 일곱 개의 모니터에 킬트복장을 한 살구옷 남자가 동시에 나타났다. 남자는 소리를 죽인 채 화통하게 웃어재꼈다. 웃는 모습 위로 에든버러 프린지 페스티벌, 이라는 자막이 뜨면서 로열 마일 거리로 장면이 바뀌었다. 로열 마일 거리에서 남자가 거리공연을 펼치는 장면이 겹쳐졌는데 합성인 게 심하게 드러났다. 영상이 나오는 동안 남자는 영상에서 나오는 동작을 그대로 따라 했다. 평소 운동량이 충분치 않은지 헉헉거리는 소리가 억눌린 채로 새나와 듣기가 민망했다.

현수는 뒷짐을 진 채 배를 내밀고 서서 이걸 끝까지 보고 갈 작정인지 세라의 눈치를 살폈다. 세라는 이 엉성한 퍼포먼스의 무엇에 필이 꽂혔는지 제상의 모니터를 노려보고 있었다. 세라는 버킷리스트가 아니라 사이버 장례식의 매력에 홀린 것 같았다.

"고모, 그만 가죠."

현수는 정신줄을 놓고 있는 세라의 팔을 살짝 흔들었다.

"가자고?"

세라가 목소리 조절을 못 하고 큰 소리를 냈다. 이런 소음쯤은 별거 아니라는 듯 남자가 일 초의 머뭇거림도 없이 번지점프대에서 뛰어내렸다. 모니터에서 나오고 있는 두 번째 버킷리스트의 동작을 남자가 세라와 현수 앞에서 시연하는 거였다. 공포와 환희를 반반씩 담은 남자의 얼굴이 코앞에 다가오는 바람에 현수는 할 수 없이 물개박수를 살살 쳤다. 결국 일곱 개의 버킷리스트를 차례로 해치운 남자가 나무로 만든 상자에 들어가는 것까지 지켜보았다.

"이제 다 끝난 거죠?"

"있어 봐. 좀 있으면 도로 나와서 뭐라 할 거야."

현수는 아까보다 더 깊은 한숨으로 불만을 드러냈다. 스트레스성 허기가 밀려왔다. 케첩을 듬뿍 뿌리고 패티 한 장을 추가한 더블치즈와퍼를 세 개쯤 먹어치우고 싶었다. 1분, 2분이 지나고 한나절 같은 시간이 지났다. 상자 안으로 들어간 누드 남자는 기척이 없었다. 현수는 출입구 쪽에 서 있는 여대생 같은 여자에게 물었다.

"끝났습니까?"

"아뇨."

"계속됩니까?"

"아뇨, 저는 잘 몰라요."

여대생 같은 여자는 딱히 현수를 놀리려는 것 같지는 않았다. 몸매가 절망적인 남자는 여자가 어떻게 대하든 응대만 해줘도 히죽거릴 거라고 착각할 여자 같지는 않아서 현수는 기분 나쁘다는 눈길로 노려볼까 하다가 참았다.

"이상하네. 왜 안 나오지. 아까는 저 관 같은 데 들어가자마자 도로 나왔는데."

세라가 고개를 갸웃거렸다.

"재즈처럼 그때그때 생각나는 대로 하나 보죠. 퍼포먼스가 원래 그렇잖아요."

현수의 말로는 납득이 안 가는지 세라는 꿈쩍 않고 서서 상자를 주시했다. 세라가 버티고 서 있으니 현수도 남자가 들어간 상자를 하릴없이 주시했다.

"어이, 비만 청년."

상자 속에서 남자가 외치는 소리를 현수는 들었다. 호칭이 너무 충격적이어서 현수는 세라를, 출입문 옆의 여대생 같은 여자를 한 번씩 번갈아 쳐다보았다. 두 사람도 놀란 표정이었다.

"어이, 거기 비만 청년."

저게 미쳤나. 튀어나오려는 욕설을 묵직한 목살로 누르고 현수는 심호흡을 했다. 관객을 화나게 해서 흥분의 수위를 높여놓으면 열 받은 김에 SNS에 올려줄 거라고 생각하나. 노이즈 마케팅을 노린 게 분명한 남자의 얄팍한 수작이 괘씸했다. 괘씸했지만 심호흡을 하며 몰상식한 상대를 무시해버리려 했다. 무시함으로써 무시당하는 자신을 견디는 것이 현수의 방식이었다. 그런 현수가 상자를 노려보며 뚜벅뚜벅 걸어갔다. 약하고 아픈 몸으로 세상과 맞장 뜨며 살고 있는 세라 앞에서 맹탕으로 무시당하는 모습을 보여 주고 싶지 않았다.

무슨 마술 같은 짓을 했는지 나무상자는 관 뚜껑 같은 판때기로 막혀 있었다. 판때기 한가운데 장착된 모니터에 둥그스름한 형체가 어른거리다 선명하게 드러났다. 통통하게 살집이 잡힌 현수의 얼굴이었다. 사방 벽면에 붙은 일곱 개의 모니터에서 당황했다가 화냈다가 어처구니없어 하는 현수의 모습이 동시에 나오고 있었다. 갑자기 현수의 모습이 흔들리다가 모니터가 꺼졌다. 현수와 세라는 낯선 무대에 끌어올려진 사람들처럼 우두커니 서 있었다. 모니터가 다시 켜지고, 현수의 얼굴 위로 일곱 개의 자막이 떴다.

당신의 버킷리스트는 무엇입니까.

현수는 콧방귀를 뀌고 당황한 기색을 숨긴 채 주변을 둘러보았다.

세라가 여대생 같은 여자 옆으로 가더니 의자에 앉았다. 앉아서 현수를 보았다. 현수가 무대 위에서 자기 배역을 어떻게 연기하는지 구경이나 하겠다는 포즈다.

대체 뭐야. 저 여자는.

현수는 화가 솟구쳤다. 세라가 아니면 자신이 이런 곳에서 이딴 놀림거리가 될 이유가 없었다. 세라는 현수의 일상을 흔들어 하루하루를 뒤죽박죽으로 만들어놓고 있었다. 다른 사람한테는 한심하고 보잘것없어 보일 그 일상이 현수한테는 다른 모든 것들을 놓아버리고 붙잡은 삶이었다. 그 삶 속으로 비집고 들어와서 현수의 평온한 일상을 흔들고 있다는 걸 아는지 모르는지 세라는 뻔뻔한 얼굴로 앉아 있었다.

현수는 숨을 들이쉬며 양 주먹을 치켜들었다가 힘껏 내리쳤다. 상자에서 쾅 소리가 났다. 혹시 주먹이 부서지는 소리인가. 순간 겁이 났지만, 아무려나 상관없었다.

"비만 청년, 여기 있다. 어쩔래. 불렀으면 말을 해!"

현수는 상자에 대고 고함을 질렀다. 속이 들끓어 폭발할 것 같았다. 사람을 왜 불러내! 똥돼지 비만 청년한테 할 말 있냐! 꽥꽥거리는 현수를 지켜보던 세라가 자리에서 일어섰다. 여대생 같은 여자가 현수에게 다가가려는 세라를 팔로 가로막았다.

비만 청년. 똥돼지…

놀리는 사람들에게 현수는 스물여덟 살이 되도록 화를 낸 적이 없었다. 아니, 화는 냈다. 속으로만. 속으로 화를 내고 속으로 삼켰다.

바보, 화를 내! 당신을 놀리고 조롱하고 무시하는 세상에 대고 화를 내. 당신이 하고 싶은 대로 하라고!

세상을 향해 번지점프를 했던 누드 남자의 목소리가 환청으로 들렸다. 이것이 누드 남자가 퍼포먼스를 통해 관객에게 말하고 싶었던 거였나. 한번 다녀갔던 세라를 알아봤을 테니 현수는 이번 퍼포먼스에서 유일한 관객이었다.

"야! 비만 청년 여기 있다니까! 할 말이 있으면 당당하게 나와서 말을 하란 말이야!"

굳게 닫힌 상자의 뚜껑을 쾅쾅 내리치면서 현수는 불곰처럼 포효했다. 속으로 삼키기만 했던 화를 터트리는 것이 현수에게는 버킷리스트의 시작인지도 몰랐다.

오래된 우물

―우리 공유폴더에 누가 소설 올렸던데 이거 뭐지?

안 감독이 단톡방에서 물었다. 졸음이 와서 3층으로 올라가려던 현수는 아차, 싶어 공유폴더를 열었다. 어젯밤 '자식 버린 정치인'을 문서함에 올린다는 게 철공소 폴더에 잘못 올렸던 모양이다.

―저도 읽었어요. 읽으라고 올린 거 맞죠?

도서관에서 하는 오전 아르바이트를 끝내고 한 시간 전쯤 들어온 다솜.

―실수! 내렸습니다. 쪽팔리네요.

모르는 척해봐야 금방 들통 날 일이어서 현수는 바로 자백했다.

―우아앗, 현수 씨 소설도 쓰고, 멋있다. 난 못 읽었는데, 다시 좀 올려줘요.

박은주가 글 뒤에 박수 치는 찌바 이모티콘 세 개를 퐁퐁퐁 쏘아 올렸다.

현수는 카톡 창을 닫고 '자식 버린 정치인'을 열었다.

어젯밤 현수는 양명신문 자유게시판, 양명사랑 카페, 그리고 인터넷신문인 양명뉴스 제보란을 차례대로 들어갔다. 글을 다 쓴 뒤 잠시 망설이긴 했으나 스스로의 등을 떼미는 심정으로 세 군데에 글을 올렸다. 제목을 노골적으로 붙인 덕분인지 조회수가 제법 높았다.

—민현수 작가, 2탄은 언제 나오나? 자식 버린 정치인의 야심? 장성한 자식의 복수?

안 감독이 살판났다.

"그냥 누가 구술한 거 채록한 거예요. 아르바이트로."

현수는 자리에서 일어섰다. 가만히 앉아서 듣고 싶지 않았다.

"잠깐만요."

현수가 문을 닫고 나오는데 다솜이 따라 나왔다. 응곡복지관, 이라는 글자가 새겨진 천가방을 왼쪽 어깨에 메고 있었다.

"지하실 가려구요?"

"지하실에요? 제가요?"

"모르셨구나. 냥이들 지금 지하실에 있어요."

"지하실에는 왜……?"

새끼고양이 세 마리는 3층 거실에 있었다. 새끼고양이를 발견한 날, 지하실에 하루 더 두고 지켜보다가 집에 데려다 놨다. 혹시 몰라 우유그릇을 지하실에 갖다 놨는데 어미고양이가 다녀간 흔적이 없었다.

"어제 계단에서 원장님 만났는데 밥을 안 먹는다고 걱정하시더라고요. 올라가서 보고 지하실에 데려다 놨더니 세 녀석다 잘 먹어요. 자리가 바뀌면 밥을 안 먹는 애들이 있거든요."

"아, 네."

경술이 보기에 여자애들이 고양이에 대해서는 더 잘 알겠지 싶었던 모양이다. 현수가 어릴 때는 집에서 개나 고양이를 기른 적이 없었다. 복임이 강아지를 데려온 적이 있었는데 명수가 기침과 재채기를 너무 많이 해서 다음 날 도로 갖다줘버렸다.

"지금 고양이들 보러 가려고요?"

"네. 원장님께서 애들한테 우유를 줬다고 하시더라고요. 주는 대로 마구 먹었으면 오히려 탈이 났을 거예요. 다행이죠."

"고양이들 우유 잘 먹는 거 같던데……."

현수는 다솜의 뒤를 따라 계단을 내려가며 중얼거렸다.

"한 달도 안 된 아기들이라 우유 많이 먹으면 설사해요."

다솜이 지하실 문 앞에서 나무라는 표정으로 현수를 돌아보았다.

"애들, 한 달도 안 됐어요?"

"아직 제대로 못 서고 바들바들 떨잖아요. 이도 이제 막 나오고 있고요."

다솜이 지하실로 들어서서 스위치를 올렸다. 전등이 들어오자 새끼고양이들이 에옹에옹 소리를 내며 울었다. 다솜이 탁자 옆 장의자 앞으로 재바르게 걸어갔다. 두툼한 방석 위에 푹신푹신해 보이는 담요로 성벽을 둘러치듯 지어놓은 고양이 집이 보였다. 담요가 눈에 익다 했더니 현수가 몇 년 전 침대보로 쓰던 것과 무늬가 같았다. 다솜이 필요하다고 했을 것이고, 경술이 그걸 여태 버리지 않고 뒀다가 내준 모양이었다.

다솜이 천가방에서 분유와 젖병과 보온병을 꺼내 탁자에 늘어놓았다.

"아깽이들을 위해서 나온 분유가 따로 있어요."

다솜이 눈금이 그어진 젖병에 분유 서너 스푼을 톡톡 털어 넣고 보온병의 물을 부었다.

"이번 주까지만 이걸 먹이고 다음 주부터는 사료를 따뜻한 물에 불려서 주면 돼요. 너무 뜨거운 물 말고 따뜻하다 싶은 정도로요."

장의자에 앉은 다솜이 젖병을 흔들어 자기 뺨에 갖다 댔다. 젖병 온도가 적당한 듯했다. 담요 속에서 꺼낸 새끼고양이 한 마리를 왼손으로 받쳐 세우듯 하고 젖병을 물렸다. 고양이가 잔가지 같은 분홍빛 발로 젖병을 갉작거렸다. 현수는 텔레비전에서 재미있는 프로를 보는 것처럼 다솜을 지켜보았다. 다솜은 젖병을 비운 고양이를 담요 속으로 밀어 넣고 다른 고양이를 집어 들어 새로 탄 분유를 먹였다. 쭙쭙쭙 소리를 내며 분유를 빨아먹는 고양이의 양쪽 귀가 팔랑팔랑 움직였다. 그 모습이 너무 귀여워 다솜과 현수는 킥킥거리며 웃었다.

"이렇게 작고 약한 애들이 어떻게 길거리에서 살아내는지 신기하네요."

현수의 말에 다솜이 아닌데, 하는 표정으로 현수를 보았다.

"애들 약하지 않아요. 며칠만 지나면 막 뛰어다닐걸요. 소파도 갉아대고 개구진 짓은 다할 거니까 각오하셔야 돼요."

"헉, 겁나네요."

현수가 어깨를 올리며 커다란 덩치를 오므리자 다솜이 웃음이 삐져나오는 입술을 꾹 깨물었다. 입술을 깨문 다솜의 얼굴 위로 큼직한 앞니 두 개로 소파를 갉아대는 토끼 얼굴이 떠올랐다.

"집에서 고양이 키워요?"

현수가 물었다. 다솜은 등을 받쳐서 세운 고양이한테 눈길을 둔 채 고개를 저었다.

"키웠는데, 재작년에 무지개다리를 건넜어요. 손님들 발등에 매달려 장난도 잘 치고 쥐도 잘 잡고 똑똑한 애였는데."

"쥐를 진짜 잡아요?"

"그럼요, 쥐의 천적이 고양이잖아요."

"잡으면 먹나요?"

"먹는 걸 본 적은 없어요. 이발소에서 붙어살다시피 했으니 몰래 먹고 그러지는 않았을 건데, 모르죠."

"이발소 해요? 집이?"

다솜이 고양이가 빨아 먹기 좋게 젖병을 이리저리 돌리며 고개를 끄덕였다.

"우리 엄마는 아빠가 이발사니까 돈을 많이 벌 것 같아서 결혼을 했대요. 제 기억에도 제가 어릴 때는 잘살았던 것 같아요. 근데 동네에 새 이발소가 생기고 미장원도 하나둘 생기면서 손님이 떨어졌죠. 엄마가 이발소 접고 도배 같은 거 배워서 하자고 몇 년간 졸랐다는데, 우리 아빠가 고집이 세요. 아빠들은 원래 좀 그렇잖아요. 전 아빠 편이에요."

다솜은 이야기를 하면서 분유를 먹인 순서대로 고양이들을 문질렀다. 세 마리 다 트림을 하자 젖병과 분유와 보온병을 천가방에 집어넣었다. 현수는 지하실에서 다솜과 같이 조금 더 있고 싶었다.

"아빠랑 친한가 봐요?"

다솜이 고개를 크게 끄덕였다.

"제가 아빠를 닮아 손재주가 좋아요. 엄마보다 제가 면도 기술이 더 좋은데 아빤 질색해요. 바닥 쓸어내고 수건 빨아 너는 것도 못 돕게 하구요. 언젠가 이발소를 소재로 그림책을 내놓을 거예요. 우리 이발소 같은 데 잘 없어요. 간판도 그렇고 전부 처음 시작할 때 있던 그대로거든요. 의자도, 거울도, 삼색등도."

다솜은 가방을 챙기고 나서도 장의자에 그대로 앉아 있었다. 현수는 뱃속으로 따뜻한 공기가 밀려들어 오는 느낌이 들었다. 다솜이 그림책으로 내고 싶어 하는 옛날 이발소의 풍경이 보고 싶었다.

"이발소 이름이 뭐예요?"

현수가 물었다.

"웅곡 이발소요. 근데 새로 생긴 이발소가 자기들 맘대로 웅곡 이발소라고 간판을 달아버렸지 뭐예요. 그래서 손님들이 우리 이발소를 옛날 이발소라고 불러요. 저쪽은 새 이발소고."

"이발소 풍경이 고풍스러울 것 같은데요."

"맞아요. 어릴 적 이발소 풍경을 떠올리면 아련한 느낌이 들어요. 왠지 막 그리운 느낌도 들고요. 힛, 나만 그런가."

아니오, 나도 그런데요. 현수가 말했다. 아주 아주 어린 시절을 떠올리면 멀고 오래된, 아프고 그리운 느낌이 들어요. 마음속으로 외치는 말이 다솜을 바라보는 표정에 드러나는 것을 현수는 몰랐다.

"거품을 떠서 불기도 하고 의자에 앉아 뱅뱅 돌기도 하고⋯ 이발소에서 노는 거 재미있었어요."

다솜이 얼굴 가득 미소를 짓고서 말했다. 다솜의 미소에 전염된 듯 현수도 웃음이 비어져 나왔다. 뱃속에 밀려들어 온 따뜻한 공기가 조금씩 부풀어 오르고 있었다. 이러다 온몸에 따뜻한 공기가 가득차서 공중부양 하는 것 아닐까. 현수는 발에 힘을 주었다.

"참, 오늘 저녁 얘들 분유는 현수 오빠가 주세요."

다솜이 일어나 천가방을 어깨에 메면서 말했다.

"나 혼자서요?"

"얘들 먹이고 나서는 등을 꼭 문질러 주고요. 열 시쯤 주고, 내일 아침 일찍, 여섯 시쯤 주면 될 거예요."

임무를 완수해서 기분이 좋은지 다솜이 씩씩하게 앞장을 섰다. 현수는 뒤에 따라 나가다 스위치를 내렸다. 스위치를 내리자마자 세 녀석이 에응 에에에응 소리를 질러댔다. 소리가 격렬한 데 놀라 현수는 스위치를 도로 올렸다.

"왜 저러죠?"

현수가 계단으로 올라서는 다솜을 불렀다.

"쥐가 나왔나."

중얼거리며 계단을 내려온 다솜이 고양이들한테 다가갔다. 새끼고양이 세 마리가 담요자락을 젖히고 밖으로 꼬물꼬물 기어 나왔다. 셋 중 덩치가 제일 작은 막내가 담요로 둘러놓은 벽을 넘다가 바닥으로 굴렀다. 다솜이 막내를 안아 올렸다. 녀석이 입을 벌리고 야오오오 제법 앙칼진 소리로 울었다.

"우리가 가는 거 아나 보네요."

태어난 지 한 달도 안 된 것들도 이렇게 기를 쓰고 자기 존재를 알리는구나. 기특하기도 하고 짠하기도 해서 현수는 집게손가락으로 막내고양이의 머리를 쓰다듬었다. 우물 안으로 떨어진 적이 있다던 세라의 이야기가 머리를 스쳤다. 우물 안, 서늘한 어둠 속에 혼자 있으면서 사람들을 부르지 않았다던…

*

"어릴 때 동네우물에 빠진 적이 있어."

세라가 말했다. 나흘 전, 사이버 장례식을 보고서 의료원 마당을 걸어 나올 때였다.

"아주 오래된 우물이었어. 원래는 바윗돌 새로 움푹 팬 샘이 있는데 동네 사람들이 돌로 턱을 쌓아 우물을 만들었거든. 그날따라 우물 턱이 미끄러웠어. 두레박을 이리저리 흔들어가

며 물을 담으려다 턱을 짚은 손이 미끄러진 거야. 그러고 머리
부터 우물 속으로 떨어졌지."

"그럼 즉사일 텐데……."

"일부러 파서 만든 게 아니라 그닥 깊지는 않았어. 물도 별
로 깊지 않았고. 내가 중학교 일학년 땐데 허리춤에서 찰랑거
렸던 것 같아."

"그래도 잘못 떨어지면 크게 다치죠."

"어떻게 잘 떨어진 거지. 사방에서 튀어나온 바윗돌에 머
리를 부딪쳤으면 바로 갔을 건데. 평생 쓸 운을 그때 다 썼나
봐."

농담을 하는 건가 싶어 현수는 세라를 돌아보았다. 당시 일
을 떠올리는 듯 세라는 골똘한 표정으로 앞을 보고 걷다가 다
시 입을 열었다.

"사람들이 지나가는 소리가 들렸어. 그때가 늦봄인가 초여
름인가… 우물 속이라 금방 추워졌는데 사람들을 부르지 않
았어. 둘러보니까 가슴께 높이에 걸터앉을 수 있는 바윗돌
이 있는 거야. 아랫돌을 디딘 발에 힘을 주고서 두 시간도 넘
게 앉아 있었을걸. 동네 언니들이 떠들면서 지나가는 소리가
들리고, 마을로 들어가는 트럭소리도 들렸어. 금방 깜깜해졌
지. 춥고 배고프고 몸이 차가워지면서 덜덜 떨리는데 무섭지
는 않았어. 숨바꼭질할 때 아무도 찾지 못하는 곳에 숨어 있
는 그런 기분이었어. 꼭꼭 숨어서 아늑하고 편안한 그런 느
낌……."

현수는 알 것 같았다. 아니, 알고 있었다. 자신의 존재를 아무한테도 들키고 싶지 않은 기분이 어떤 건지. 딱히 잘못을 저지른 게 없을 때도 현수는 어딘가로 숨어들고 싶은 충동에 시달렸으니까. 특히 복임이 쳐다볼 때. 잘못한 일도 없고 아무 일도 없는데도 복임이 가만히 쳐다보고 있으면 그런 충동이 들었다. 자신의 존재 자체가 잘못인 것 같다는 느낌마저 들었다. 그럴 때는 공연히 숨이 가빠졌고, 어디로든 숨고 싶었다. 할 수만 있다면 누구의 눈에도 띄지 않게 완전히 사라지고 싶었다. 그런 것들이 자라는 동안 현수를 괴롭혔다. 그러나 세라처럼 우물에 떨어져 갇히는 사고를 당했다면 현수는 짐승새끼마냥 소리를 질렀을 것이다. 살려달라고 소리를 질렀을 것인데, 복임을 소리쳐 부르지는 않았을 것이다.

복임은 꿈속에서 늘 현수를 소리쳐 불렀다. 그 꿈을 현수는 기억했다.

현수는 종종 꿈을 꾸었다. 외가 마을인 둔내리에 내려가고 얼마 되지 않았을 때부터였다. 꿈을 꾸게 될까 봐 현수는 잠이 들려는 순간 소스라치듯 깨어나곤 했다. 기를 쓰고 깨어 있다가 잠 속으로 떨어지면 현수를 찾아오는 그 꿈속에서 흐느끼며 괴로워했다.

꿈속에서 현수는 학교를 파하고 파란지붕 집으로 돌아가는 길이었다. 현수는 책가방을 메고 있었다. 책가방에서는 덜거덕덜거덕 필통 소리가 났다. 논 가장자리로 난 길을 따라 집으로 걸어가면서 현수는 가슴이 콩닥거렸다. 마당으로 오르

122

는 비탈에 발을 디디면 퍼덕거리는 새처럼 복임의 목소리가
날아왔다.

현수야.

복임의 목소리가 뒷덜미를 잡아채는 느낌에 꿈인지 현실인
지 경계가 뭉개진 시간 속에서 현수는 혼자였다. 현수야. 부르
는 복임의 모습은 보이지 않고 현수는 꿈속에서 외롭고 무서
웠다. 그곳에는 목소리만 있고 아무도 없었다. 현실에서도 집
은 비어 있기 일쑤였다. 경술은 둔내리로 내려온 뒤 한자 책을
가득 넣은 가죽가방을 메고 선생들을 만나러 다녔다. 전국 어
디에 이름난 선생이 있다는 소문을 들으면 경술은 귀퉁이가
닳은 가죽가방을 메고, 현수의 머리를 쓰다듬었다. 그리고 집
을 나갔다.

"고모는……."

몽롱한 꿈속에서 빠져나온 듯 퍽퍽한 목소리로 현수가 입
을 뗐다.

"그 안에서 어떻게 나왔어요?"

두 사람은 버스 정류장 벤치에 나란히 앉아 있었다. 세라가
택시를 타고 가다가 중간에 내려주겠다고 했지만 현수는 싫
다고 했다. 원천동에 현수를 내려주고 기린시장 쪽으로 가려
면 길을 엄청 돌아야 했다.

"날이 어두워졌다면서요. 그땐 휴대폰도 없었을 건데."

"어두컴컴한 데 앉아 있는데, 위에서 아저씨들 목소리가 들
렸어. 누군데 거기서 노래를 부르고 있냐고. 저 안 불렀는데

요. 내가 위에다 대고 말했지. 난 진짜 안 불렀거든. 머리 조심
해라, 하는 소리가 들리더니 큰 두레박이 내려왔어. 내가 떨어
지면서 두레박도 떨어졌는데, 어디서 다른 걸 갖고 왔나 봐.
아저씨들이 시키는 대로 두레박에 걸터앉으니까 두레박줄을
당겨서 올려주더라. 그날 집에 가서 큰오빠한테 오지게 맞았
다. 계집애가 어디 할 짓이 없어서 그런 델 다 기어들어 가느
냐고. 평소엔 매를 든 적이 없었는데 오빠가 많이 놀랐나 봐.
엄마가 돌아가시고 나서는 큰오빠가 나한테 부모 노릇을 했
거든."

세라가 들려주는 우물 이야기를 들으면서 현수는 포트리
스 빌딩 게임의 지하 통로를 떠올렸다. 주거지역, 식당, 공장,
병원, 지하 대피소 같은 것을 만드는 포트리스 빌딩 게임에서
우물을 파 내려가듯 만들어야 하는 지하 건축물은 가장 까다
로운 구조물이었다. 현수는 버스가 달려오는 쪽으로 고개를
돌린 채 조용히 앉아 있었다. 원천동 집으로 가는 버스가 정
류장에 잠시 멈춰 섰다가 달려갔다. 세라가 다시 입을 열었다.

"그런데 참 이상하지. 큰오빠는 왜 내가 우물에 일부러 들어
갔다고 생각했을까. 일부러 들어간 게 아니고 미끄러져 빠진
건데. 나는 거기서 빠져나가야 한다는 생각을 못 했어. 어떻게
빠져나가야 할지도 몰랐고. 사람들을 부르면 되는데… 생각
이 나지 않았어."

*

    현수는 고양이를 감싼 담요를 끌어안은 채 철공소 문 앞에
멈추어 섰다. 다솜이 도어락 비밀번호를 눌렀다.

    "저기, 다솜 씨."

    다솜이 손잡이를 잡은 채 현수를 돌아보았다. 현수는 안고
있는 담요를 추스르며 머뭇거렸다. 새끼고양이 세 마리가 담
요 속에 묻힌 채 얼굴만 빼꼼 내놓고 그새 잠들어 있었다.

    "얘들… 한 마리만 거기 이발소에서 키우는 건 힘들까요?"

    "어디? 우리 이발소에서요?"

    "네. 예전에도 키웠다면서요."

    다솜이 현수 품에서 귀엽게 코를 고는 새끼고양이들을 보며
난감한 표정을 지었다.

    "그때랑 사정이 달라서……. 엄마가 복지관에 일을 나가면
서 요즘은 이발소 일을 아빠 혼자 하세요. 고양이도 키우다
보면 은근 뒤치다꺼리할 게 많거든요."

    다솜이 어쩌죠, 하는 눈길로 현수를 보았다. 현수는 복도가
어두워서 다행이라고 생각했다. 얼굴을 붉힌 채 고양이를 내
려다보다가 현수는 고개를 들었다.

    "언제 그 이발소에 가보고 싶어요."

    다솜의 눈이 조금 커졌다. 자기 의지와 상관없이 순간적으
로 튀어 나간 말에 현수는 정신이 혼미해졌다.

    "아, 아뇨. 그게 아니고 제가, 그러니까 옛날… 앤틱한 걸 좋

아해서요."

사정없이 떨리는 자신의 목소리가 현수의 귀에서 울려댔다. 현수는 땅속이든 어디든 꺼져버리고 싶은 심정이었다. 현수를 바라보는 다솜의 눈이 웃고 있었다. 다솜의 웃음이 현수에게로 파닥파닥 날아왔다.

"둘이서 뭘 그렇게 속닥거려? 오늘부터 공식 사귀는 거냐?"

들어오길 기다린 듯 안 감독이 물었다. 박은주도 호기심을 묻힌 눈길로 현수와 다솜을 번갈아 보았다.

"어라? 두 사람이 그런 사이였나."

평소 안 감독의 희떠운 농담을 못마땅해하는 장편까지 가세했다.

"그게 아니고 얘들 때문에……."

현수는 작업실 한가운데 있는 공용탁자로 가서 껴안고 있던 담요를 내려놓았다. 새끼고양이들이 자면서 발을 꼼지락거렸다.

"악! 어떡해, 너무 이쁘다."

"어휴, 귀엽다."

탁자로 다가온 박은주와 안 감독이 듀엣으로 자지러졌다. 장편과 웹툰도 자리에서 일어나 고양이를 보러 왔다.

"진짜 귀엽다. 저, 한 마리 가져가면 안 될까요?"

작업할 때는 오로지 작업에만 집중하겠다는 의지를 드러내며 공용탁자 근처에 얼씬거리지 않던 웹툰이 고양이 욕심을 내며 나섰다.

126

"안 되긴. 완전 돼!"

웹툰이 고양이를 편하게 볼 수 있도록 현수는 덩치를 이용해서 탁자에 붙어 있는 박은주와 안 감독을 옆으로 밀어냈다. 웹툰이 레이저를 쏘듯 눈에 힘을 주고 고양이를 살폈다.

"쟤, 깜찍하네. 제일 쪼끄만 애, 입가에 까만 테 두르고."

박은주의 말에 웹툰이 도저히 못 하겠다는 듯 고개를 흔들었다.

"나중에요. 오늘 집에 갈 때까지 한번 보구요. 얘들 여기 둘 거죠?"

"어, 여기 둬야지."

현수는 고양이들이 밑으로 떨어질 것 같아 담요를 탁자 아래로 옮겼다. 장소를 자꾸 옮기는 게 고양이들한테 스트레스가 될 것 같아 오늘은 철공소에 둬야겠다 싶었다.

"아참, 민현수! 그거 페북에 떴더라."

무릎을 꿇고 앉아 담요를 새둥우리처럼 오므리던 현수가 안 감독을 돌아보았다.

"네? 뭐가요?"

놀라서 물었지만 뭔지 금방 알아차렸다. 어젯밤에 올린 글을 누가 페이스북에 퍼 갔거나 링크를 한 모양이었다.

"그 글 있잖냐. 무슨 정치가가 어떻고 저떻고 한⋯⋯."

"자식 버린 정치가."

옆에서 박은주가 거들었다.

"그래, 그 글이 페북에 떴더라고. 거, 함부로 올려도 괜찮나?"

안 감독이 농담기 없이 말했다.

"그게… 함부로 올리면 안 되죠."

안 되는데 이미 올렸다. 물론 실명 거론은 하지 않았고 이해관계가 얽힌, 예컨대 정부지원 사업 같은 건 글의 흐름에 필요한 최소한의 팩트만 넣었다. 그래도 법적으로 따지고 들면 명예훼손 따위로 문제가 될 소지가 아주 없지는 않은데 눈 질끈 감고 올린 것이다. 어떻든 걱정을 하기는 늦었다. 될 대로 되겠지. 현수는 복잡한 심정으로 자기 자리로 가서 앉았다. 페북에 떴으니 오유나 디시 같은, 갤러리가 많은 대형 커뮤니티에도 떴을지 모른다.

현수는 어수선한 마음을 진정시키며 구글과 네이버에서 '자식 버린 정치가'를 검색했다. 두 곳 다 페이스북에 올라간 글이 검색에 딸려 나왔다. 누군가 '이런 새끼까지 정치 하겠다고 나서서 설치네'라는 멘트와 함께 링크를 걸어놓았다. 프로필 사진과 멘트를 보니 입이 거친 아저씨였다. 다른 예비후보자의 선거단에 끼어 아르바이트 할 나이로 보이지는 않았지만 모를 일이었다. 그리고…

메시지가 와 있었다.

무람없이 들이닥친 낯선 사람을 보듯 현수는 빨간 불이 깜박이는 메시지를 노려보았다. 페이스북은 즐겨찾기를 해놓고 들락거리기는 해도 팔로잉한 사람들 글만 읽고 나왔지, 활동은 거의 하지 않았다. 메시지를 주고받을 정도로 친한 페친도 없었다. 꺼림칙한 마음으로 메시지를 클릭했다.

010-5501-OOOO

메시지가 열린 순간, 현수는 전화번호 하나가 살벌하게 위협적일 수 있다는 사실을 깨달았다. 아, 내가 뭔 짓을 한 거야. 후회와 당혹감과 두려움이 바위처럼 가슴을 눌렀다. 메시지는 경고장이었다.

저번에 올린 '돈 떼먹고 오리발'과 이번에 올린 '자식 버린 정치가'의 내용 가운데 사실이 아닌 것은 없었다. 메시지를 보낸 사람도 현수가 거짓 글을 올렸다고는 하지 못할 것이다. 혹시 세라와 정숙이 거짓말을 했을 수도 있지만, 현수는 어디까지나 그들이 들려준 대로 썼다. 쓰는 중에 오버하고 싶은 유혹을 쳐내고 심지어 약간 완화해서 썼다. 상황을 낙관적으로 정리해도 마음이 사뭇 불안했다. 세라가 떨어져 내렸다던 우물 같은 데라도 있으면 당장 뛰어들고 싶었다. 정말 나쁜 짓을 한 경우가 아니라면, 아니 약간 나쁜 짓을 했다 하더라도 사람은 자신을 해치려는 위협 앞에서 숨을 권리가 있다. 인권이 별건가. 마음이 혼란스러우니 잡념도 어지럽기 짝이 없었다.

데린쿠유.

현수의 잡념 속으로 데린쿠유가 비집고 들어왔다.

우물보다 무한정 깊고 무한정 더 큰 지하도시. 그런 곳에 틀어박히면 모종의 어떤 위협에서도 무한정 멀어질 것이다. 세상은 현수를 잊을 것이고, 메시지를 보낸 사람의 관심도 결국 끊길 것이다. 공상 속으로 달아나면서 현수는 눈앞에 걸려 흔들거리는 경고장을 지워버리고 있었다.

데린쿠유를 알게 된 것은 세라 때문이었다. 옛 우물에 빠져서 몇 시간을 숨어 있었다던 세라의 이야기를 듣고서 현수는 우물을 검색했다. 세라가 어릴 적 살았다던 동네 이름과 우물을 검색어로 같이 넣었다. 짐작대로 우물에 빠진 여학생 기사는 눈에 띄지 않았다. 검색을 한 김에 세계의 다양한 우물 이미지를 구경하다가 데린쿠유를 발견했다.

터키에 있는 대규모 지하 도시. '깊은 우물'이라는 뜻

현수는 데린쿠유에 대한 사전적 설명을 읽고, 위키의 글을 찾아 들어갔다. 기독교인들이 아랍인들을 피해 우물을 파듯 지하 곳곳을 파고 내려가서 거주한 지하도시, 라는 설명과 함께 지하 8층까지 이어지는 동굴들의 단면도가 나와 있었다.

그것은 미로였다. 아니, 통로였다. 깊은 우물처럼 지하로 들어간 공간들을 이어주는 통로. 그 통로의 중심은 지하로 들어가는 관문 아래 수직으로 깊은 곳에 있을 거였다. 그곳에 가보고 싶었다. 할 수만 있다면 지금 당장 순간이동을 하고 싶었다. 터키에 있는 현실의 데린쿠유로 직접 갈 수도 있다는 생각 같은 건 현수의 머리에 떠오르지 않았다. 돈도 없지만 있다 해도 어딘가를 찾아서 가는 여행을 현수는 좋아하지 않왔다. 지금까지 국외는 물론 국내여행도 자발적으로 떠나본 적이 없었다. 심지어 복임이 있는 둔내리에도 경술의 재촉에 마지못해 끌려가곤 했다. 통로의 중심으로 떠오른 데린쿠유가 현수에게는 너무 멀었다. 여권을 발급받고 캐리어에 짐을 싸고 항공권을 예약하고… 현수는 앓는 소리를 내며 고개를 저었다.

"뭐라고 했냐?"

등 뒤에서 안 감독이 물었다. 현수가 움찔 놀라 뒤를 돌아보았다.

"뭘 그렇게 놀래? 뭐라고 했냐니까."

안 감독이 파티션 너머로 현수를 보고 있었다.

"아뇨. 아무 말도 안 했는데."

"응, 안 했구나. 난 또 네가 뭐라고 한 거 같아서리."

평소 같았으면 제발 신경 끄시라는 말을 속으로 중얼거렸을 텐데 현수는 안 감독을 빤히 쳐다보았다. 예술가와 루저 사이의 경계를 걷고 있는 철공소 입주자들 가운데 그나마 세상 돌아가는 것에 밝은 사람이 안 감독이었다.

"그렇게 사무친 눈으로 보지 말고 말을 해. 형이 도와줄 거 있냐?"

오지랖과 흰소리로 신경을 긁기는 해도 안 감독은 한 번씩 마음을 푸근하게 만드는 재주가 있었다. 그때마다 얄궂게도 명수 형이 언뜻언뜻 머릿속을 스쳐갔다.

"사실은……."

현수가 복화술을 하듯 웅얼거렸다.

"신경 쓰이는 게 있는데 카톡으로 해요."

오케바리. 안 감독이 입모양으로 답했다. 현수는 모니터에 채팅창을 띄웠다.

―공유폴더에 올렸던 글 있잖아요. 그게 실은…….

고민을 상의하려면 실명을 말해야겠는데 선뜻 내뱉기가 꺼림칙했다.

―송찬우 후보지?

―헉!!

―뭘 놀래.

―어떻게 알았어요?

―장난해? 양명사랑 카페, 양명신문, 양명뉴스. 유권자가 양명시민이면 뻔하지. 시의원 경력에 시민단체 대표. 검색하니까 바로 나오더만.

대단한 추리도 아닌데, 현수는 안 감독이 위기상황을 타개하는 방법도 찾아낼 거라 믿고 싶었다. 세라가 송찬우를 믿었던 것도 이런 심리였겠지. 그새 또 딴 데로 빠지는 생각을 떨치고 현수는 키보드를 쳤다.

―실은 저한테 메시지가 하나 왔어요. 페북에 들어갔더니, 잠깐만… 네 시간 전이네요. 누가 전화번호를 하나 남겨놨어요.

―전화번호만?

―네. 달랑 전화번호만.

현수가 고개를 들어 안 감독을 보았다. 안 감독의 머리가 한

쪽으로 기울어진 채 움직이지 않았다.

—그 글 때문인가?

채팅창으로 안 감독이 물었다.

—전화해 볼까요?

—해서, 맞으면 뭐라고 할 건데?

—글쎄요. 어떻게 나오는지…….

—덮자고 하든지, 협박을 하든지 둘 중 하나겠지.

—그렇죠?

—어떻게 할지 생각을 정리하면서 기다려봐. 답답한 놈이 우물 판다고, 켕기는 게 어느 쪽인지 분명히 해야지.

—그렇겠죠? 이게 무슨 비리를 들춘 것도 아니고요.

스스로를 안심시키면서 현수는 뻣뻣하게 세우고 있던 몸을 등받이에 기댔다. 이번에 올린 글은 제목 그대로였다. 자식까지 낳은 여자를 내팽개치고 떠난 남자가 시민단체를 하면서 이름을 알린 뒤 정치권에 다시 얼굴을 내밀려고 한다는 내용이었다. '돈 떼먹고 오리발'이라는 첫 번째 글을 읽은 사람이라면 두 번째 올린 글의 주인공이 동일인이라는 것을 금방 눈치 챌 수 있었다.

—여기 나오는 S라는 여자는 누군데? 이거 진짜 아르바이트 맞아?

채팅창에 안 감독의 질문이 올라왔다. 현수는 키보드를 치려던 손을 멈췄다.

정말 이게 아르바이트가 맞긴 맞나.

현수의 글이 주변에 알려지면, 두 사람의 신분이 알려지는
건 시간문제였다. 사람들의 비난은 송찬우보다도 어린 자식
을 입양 보낸 세라에게 더 가혹하게 쏟아질 수 있었다. 세라
는 개의치 않았다. 사람들을 피해 숨었던 우물 안에서 무방비
한 상태로 뛰어나와 장렬하게 전사하리라. 혹시 그런 건가.

—내가 저번 총선 때 홍보 동영상 제작한 거 너도 알잖냐.

지금 이 판국에 안 감독이 또 그 동영상의 대단했던 파급효
과에 대해 길게 늘어놓으려고 이러나. 대꾸할 기분이 아니라
서 무시해버렸다. 현수가 답글을 달지 않자 안 감독이 다시
글을 올렸다.

—선거판, 거칠더라. 뭘 상상하든 그 이상이야. 그 사람들한
테는 죽고 사는 문제거든. 엮이면 답 없다. 최소 사망이니까,
잘 생각하고 행동해.

—네, 감사요. 잘 생각하고 행동할게요.

사실 아무 생각이 없었다. 현수의 생각이 중요한 것도 아니
었다. 눈앞에 닥친 이 문제는 메시지를 보낸 사람의 의도에
달려 있었다. 단순히 현수에게 겁을 주겠다는 건지, 한 번만
더 글을 올렸다간 쥐도 새도 모르게 없애겠다는 건지… 생각
하다가 현수는 머리를 움켜쥐었다.

이 아르바이트에는 뭔가가 있었다. 아르바이트를 빌미로 한
어떤 숨은 의도가.

세라의 심중에 들어앉았을 뭔가가 현수의 머릿속에서 어른
거렸다. 송찬우가 어떤 사람인지, 현수가 글을 올릴 경우 그

가 어떤 행동을 취할지 세라는 알고 있었을 거다. 세라는 현수가 직접 송찬우와 만나기를 원했던 거다. 세라 자신도 아니고, 다른 그 누구도 아닌 현수가 송찬우를 만나야 할 이유가 있다는 뜻이다. 컴퓨터를 할 줄 모른다는 거짓말부터 세 살짜리 아이를 입양시켰던 과거까지, 쉽게 드러날 사실들을 굳이 숨기는 시늉을 한 뒤에 정숙과의 대화를 통해 현수 스스로 그 사실을 알아내게 한 것처럼.

그런데 왜?

세라가 현수를 통해 송찬우의 접근을 유도한 거라면… 이번에는 어떤 사실을 알아내게 하고 싶은 걸까. 무엇을 맞닥뜨리게 하려는 걸까. 이 모든 상황이 세라가 오래된 우물… 데린쿠유 속으로 현수를 빨아들이는 음모처럼 느껴져 머리에 쥐가 내릴 지경이었다. 손가락을 세워 머리를 벅벅 긁어도 이런저런 생각이 서로 부딪치며 돌아다니는지 머릿속 근질거림은 사라지지 않았다. 현수는 휴대폰을 집어 들었다. 무슨 일이 생기든 책임은 세라 스스로 지겠다고 했다. 주소록에서 세라의 이름을 찾아 클릭하려는데 전화벨이 울렸다. 낯선 번호였다.

"민현수 씨?"

"네?"

"민현수 씨 맞습니까?"

"잠시만요."

현수는 휴대폰을 귀에 댄 채 철공소를 나왔다.

"네, 말씀하세요."

느낌상 스팸 전화는 아니었다. 틀림없이 페이스북에서 메시지를 보낸 사람이었다.

"여어, 민현수."

전화 속 남자의 말투가 유들유들하게 바뀌었다.

"거 덩치 한번 푸짐하네."

계단 밑에서 시비조의 목소리가 날아왔다. 남자 두 명이 건물 출입구 양쪽에서 현수를 쳐다보고 있었다. 현수 또래의 남자는 가죽잠바를 입고 있었고, 조금 뒤에 물러선 중년남자는 유행 지난 코트차림이었다.

"누구신지……?"

현수가 물었다. 목소리가 잘 나오지 않았다. 코트를 입은 중년이 충치가 있을 것 같은 이를 보이며 웃었다. 상대를 만만하게 보는 웃음이었다. 가죽잠바가 엉거주춤하게 서 있는 현수를 향해 성큼성큼 계단을 올라왔다. 불길한 예감은 틀리는 법이 없다.

납치되다

두 사람이 현수 양쪽에 붙어 섰다.

"왜, 왜요? 왜 이래요?"

"알 텐데? 같이 좀 가야지?"

같이 가자는 말에 놀라 현수는 뒤로 두 걸음 물러섰다. 중년이 어깨동무를 하듯 현수의 어깨에 팔을 두르고 앞으로 밀었다. 어깨를 잡아 누르는 악력이 셌다.

"저 새끼는 하여간."

현수 옆에 붙어서 걸어가던 가죽잠바가 웅얼거렸다. 찻길에 세워둔 매그너스가 경적을 두 번 짧게 울렸다. 가까이 가자 운전석에 앉은 남자가 피우고 있던 담배를 창밖으로 던졌다.

"차 안에서 담배 피우지 말라니깐. 형 때문에 내가 폐렴 초기요, 초기."

잠바가 투덜거리며 뒷문을 열자 중년이 현수의 등을 밀었다. 오버액션을 하려고 한 건 아닌데 발이 어디 걸리면서 현수는 뒷좌석에서 모로 쓰러졌다. 중년이 조수석으로 가서 앉았고, 현수 옆에는 잠바가 들어와 앉았다.

"어딜 가는 건데요?"

현수가 물었다. 목소리가 떨렸다. 쫄기는. 중년의 말에 잠바와 운전석 남자가 웃었다.

"뚱땡이, 우리가 지금 어딜 갈 거 같으냐?"

중년이 현수를 돌아보며 물었다. 그걸 내가 어떻게 아냐고 깐죽거렸다간 호통을 들을 것 같아 현수는 입을 다물었다.

"가서 조금만 맞자. 너도 한 짓이 있으니까 이해하지?"

가슴이 철렁할 소리에 현수는 이게 웬 조폭영화의 한 장면인가 싶었다. 설마 뉴스로 뜰 사건이 생기지는 않겠지. 내가 무슨 죽을죄를 지은 것도 아닌데. 현수는 벌렁거리는 가슴을 진정시키려 애썼다. 운전석 남자가 라디오에서 흘러나오는 노래를 흥얼거렸다.

덤덤덤덤… 심장의 떨림도 날뛰는 기분도 맘대로 되질 않죠. 덤덤덤덤…

성대를 좁힌 가성의 노랫소리가 현수의 신경을 갉아댔다.

현수는 지푸라기를 잡는 심정으로 휴대폰에 깔아놓은 만세력을 열었다. 오늘은 병진일(丙辰日)이었다. 경술이 이 꼴을 봤으면 날 받아놓고 죽을 구멍을 팠냐고 야단쳤을 것이다. 계수(癸水) 일간인 현수에게 병진(丙辰)은 힘을 빼앗아 가는 기운이었다. 가뜩이나 극신약인데 병화 불기운에 힘을 소진하고 진토 흙무더기에 극 당하면서 묻힐 수도 있는 운이었다. 일운은 영향력이 없다는 경술의 말을 떠올려도 위로가 되지 않았다.

차에서 내리자마자 중년과 잠바가 다시 현수 양쪽에 섰다.

팔목을 잡거나 어깨에 팔을 걸친 것도 아닌데 걸음이 엉겼다. 생김새만 험상궂은 게 아니라 풍기는 기운도 사나웠다. 내가 오늘 제삿날 받았나 보다. 엮이면 사망이라던 안 감독 말이 머리를 스쳐 가면서 현수는 울고 싶은 심정이었다.

"송후보 데려올까요?"

4층에서 엘리베이터 문이 열리자 운전석 남자가 중년에게 물었다.

"뭐하고 자빠졌는지 가봐."

운전석이 고개를 까딱하고는 복도 오른쪽으로 급히 걸어 갔다. 중년과 잠바는 운전석이 걸어가는 반대 방향으로 현수를 밀었다. 일자로 길게 이어지는 복도를 걸어가다가 〈대로기획〉명판이 붙은 문 앞에서 멈췄다. 잠바가 문을 열고 중년과 현수가 들어가도록 기다렸다. 중역용 책상에서 전화를 하고 있던 남자가 현수를 힐긋 보았다. 중년과 잠바가 소파로 가서 앉았다.

"너도 앉아."

중년이 맞은편 소파를 턱으로 가리켰다.

"네."

현수는 시키는 대로 고분고분 가서 앉았다. 으리으리하긴 한데 싸구려 느낌이 나는 소파에 앉아서 현수는 사무실을 둘러봤다. 산세비에리아와 난초가 있고, 책장도 있는 보통의 사무실이었다. 책장에는 파일폴더와 연감, 연설문 작성법, 성경, 회사연보, 화집과 미술관련 책자가 대중없이 꽂혀 있었다. 갓

춰놓은 구색이 선거사무실 같지는 않았다.

"야가 가가?"

보스가 상석의 소파에 앉으면서 물었다.

"네, 대표님."

형님이 아니고 대표님이란다. 현수는 조금 안도했다.

"최실장아, 가서 송후보 오라 캐라. 이 자식이 전화를 안 받는다."

대표가 잠바한테 한 말 같은데 중년이 대답했다.

"데리러 갔어요. 계약서는 받았습니까?"

"말을 안 듣는다. 뺀질뺀질거리면서 보골을 채우네."

"밀어붙여야 되는 거 아닙니까? 확 조지면……."

확 조진다는 말에 현수는 움찔했다. 대표가 현수를 힐긋 보았다.

"착하게 생겼구마는 그런 짓을 와 하는데. 이름이 민현수라고?"

개인 노트북에서 작업하면 이게 문제다. 한밤중에 피시방까지 가자니 귀찮기도 했고, 설마 아이피 추적까지 하겠나 싶어 그냥 올린 게 잘못이었다.

"그래 민현수야, 니가 뭣 때문에 그런 짓을 했는지 기승전결로다 풀어봐라."

현수가 어떻게 나오는지 구경이나 해보겠다는 태도로 대표가 말을 꺼냈다.

"솔직하게 불어. 까불면 쥐도 새도 모르게 발라주는 수가 있다.”

맞은편 소파에 앉은 중년이 표정을 구기면서 말했다. 이 사람들 성질을 건드리면 안 될 것 같아 현수는 순진한 표정을 고수한 채 입을 열었다.

“그런 소문이 있더라고요. 누가 글을 올려놔서 보니까 재밌길래…….”

“아아, 그런 소문이 다 있던갑네.”

대표가 호들갑스럽게 놀란 표정을 지어 보였다. 딱 봐도 음흉스러운 데가 있는 영감이었다.

“네, 심심해서 몇 개 긁어서 올려본 거예요.”

“김 이사, 최 실장, 들었나? 야가 지금 심심해서란다.”

대표의 말에 중년이 웃었다. 잠바는 터미네이터처럼 표정에 변화가 없었다. 현수처럼 아르바이트 중인가. 그렇다면 혹시 주먹 용역? 그쪽으로는 생각하고 싶지 않은데, 의심을 하자 이상한 점이 눈에 들어왔다. 벽에 붙어 있는 대형 태극기는 뭔지 모르게 이상했다. 해피트리와 뱅갈고무나무로 가려져 잘 보이지 않지만 바닥에 부려놓은 각목도 수상하긴 마찬가지다.

“니는 그런데 우리도 모르는 그 소문을 어데서 보고 들었노?”

대표가 물었다.

“어디서 본 거 같아요. 웹서핑하다가 우연히…….”

“새끼가 헛소리는.”

갑자기 중년이 엉덩이를 떼고 일어나 현수의 머리를 내리쳤다. 퍽, 소리와 함께 눈앞이 핑 돌았다. 몸무게 덕분에 옆으로 넘어가지 않고 자세는 유지했다. 중년은 앞으로 몸을 뺀 채 현수를 치고는 자세가 흐트러지면서 팔을 허우적거렸다. 시발, 중년이 소파에 털썩 앉으며 현수를 째려보았다.

주먹으로 한 대 맞고 나자 희한하게 겁이 사라졌다. 현수는 내가 어쩌다 이런 말도 안 되는 상황에 들어와 있는지 몹시 억울하다는 표정으로 중년과 대표를 번갈아 보았다.

"그라지 말고 불어봐라. 누구한테 들었노?"

대표가 아무 일 없었던 것처럼 부드럽게 물었다.

"웹서핑 하다가 봤는데, 제가 살 좀 붙여서 써본 거예요. 진짜요."

"이 새끼가 사람 열 받게 만드네."

중년이 벌떡 일어나더니 뱅갈고무나무 쪽으로 걸어갔다. 설마, 하는 눈으로 현수는 중년을 좇았다. 바닥에서 각목 하나를 집어 든 중년이 현수를 꼬나보면서 다가왔다. 눈빛이 번들거렸다. 도망가야 한다. 하는 생각뿐, 현수는 몸을 움직일 수가 없었다.

"지금 뭐하는 겁니까?"

그때 문이 열리면서 송찬우가 들어섰다. 잠바가 일어서서 현수를 가리키며 말했다.

"송 후보님, 아침에 말씀드렸던 그 친굽니다. 돈 떼먹고 오리발도 이 친구가 올렸습니다."

142

송찬우가 인상을 썼다.

"애는 왜 데려와요. 제발 일 시끄럽게 만들지 맙시다."

송찬우는, 세라보다 네댓 살 위라고 들었던 것 같은데, 훨씬 젊어 보였다. 소파로 걸어와서 앉는 동작도 젊은 사람처럼 날랬다.

"이 사달을 만든 당사자가 누군데 그런 소리를 해쌓노? 아무튼 야는 우리가 알아서 할 거고, 왔으니 그거나 마무리 짓자."

대표가 자기 책상으로 가더니 서류봉투를 갖고 왔다.

"한 글자도 보탠 거 없이 송 후보가 말한 그대로다. 볼 거도 없다. 고마 사인해라."

대표의 손에 있던 봉투가 현수를 지나처 송찬우 앞에 놓였다. '대로기획 김학도 대표'. 송찬우를 검색하다가 본 이름이었다.

"천천히 합시다. 천천히. 아직 선거 초반입니다. 쇠코뚜레도 커가는 거 봐가며 뚫는답디다."

송찬우가 발성 좋은 목소리로 말했다. 현수는 옆에 앉은 송찬우를 힐긋 돌아보았다. 연출이 아니라 연기자 출신이라고 하는 게 더 어울릴 외모였다. 송찬우가 현수의 어깨를 툭 쳤다.

"그만 일어나. 같이 가자."

현수보다 대표의 반응이 빨랐다.

"뭔 소리 하노. 가다니, 어딜?"

"제가 데리고 가서 이야길 해보죠. 걱정은 마시고."

"걱정은 염병. 하루 종일 코빼기도 안 비치더마는 한다는 소리하고는. 송후보 니 내한테 이라믄 안 되지."

"에헤 참, 우리 대표님, 혈압 생각 안 하고 또 열 내신다. 어련히 알아서 할까 봐. 좀 믿으세요."

송찬우가 능청스러운 말투로 김학도 대표를 달랬다. 대표가 끙, 하고 앓는 소리를 내며 손을 들었다. 뭔가 할 말이 더 있다는 손짓 같은데, 못 본 척 송찬우가 자리에서 일어났다. 뭐하냐. 송찬우의 말에 현수는 얼른 일어나 송찬우 뒤를 따라갔다. 밉살스럽다는 듯 현수를 노려보는 중년을 지나쳐 사무실 밖으로 나오자 안도의 한숨이 나왔다.

*

"다친 데는?"

송찬우가 물었다.

"괜찮아요."

한 대 맞은 걸 가지고 쫀쫀하게 굴려면 조목조목 따져야 할 텐데 귀찮았다. 끌려올 때 겁먹은 것에 비하면 쉽게 풀려난 것 같아 화도 안 났다.

"나쁜 사람들은 아닌데 일하는 게 두서가 없어. 대체로 화가들이 이게 안 좋아."

송찬우가 손가락으로 자기 머리를 툭툭 쳤다.

"저 사람들, 화가예요?"

"어, 왜?"

"아니, 각목도 있고······."

저 사람들이 화가라니, 듣고도 믿기지 않았다. 현수를 대하는 태도도 거칠었고, 바닥에 부려져 있던 각목들은 몽둥이 대신 쓰기에 알맞은 길이였다.

"그거? 아트 컨테이너 전시에 쓰려는 것 같던데, 샘플을 갖다놨겠지. 최실장이 일은 꼼꼼하게 해. 괜찮은 친구야."

송찬우가 엘리베이터 앞을 지나쳐 걸어가며 말했다. 각목 들고 설치는 화가들이 퍽도 괜찮겠네. 현수는 찬우 뒤를 따라가며 콧방귀를 뀌었다. 그나저나 내가 왜 이 사람을 따라가고 있는 거지, 하는 생각을 하면서도 발이 저절로 움직였다.

"저기, 송찬우 후보님 맞으시죠?"

알고 있지만 확실하게 하고 싶었다.

"그래, 너는 민현수고. 강세라하고는 죽 연락을 했었나?"

"아뇨. 그런 건 아니고······."

"그런 게 아니면, 어떻게 세라의 아바타가 됐지?"

현수는 걸음을 멈췄다. 송찬우를 졸졸 따라가고 있는 자신에게 갑자기 짜증이 났다.

"그런 것까지 굳이 말하고 싶지 않은데요."

현수의 까칠한 말투에 찬우가 요것 봐라, 하는 눈길로 현수를 힐긋 보았다.

"그런데, 나이가 어떻게 되나?"

찬우가 물었다.

"저는, 스물… 서른인데요."

대답을 해놓고 현수는 침을 꿀꺽 삼켰다. 찬우는 건성 고개를 끄덕이고는 다시 걸음을 옮겼다. 현수는 황당했다. 누군가 나이를 물을 때면 습관적으로 제 나이와 두 살 많은 나이를 동시에 떠올리기는 했다. 그래도 지금처럼 죽은 명수의 나이를 입 밖에 낸 적은 없었다. 송찬우 같은 사람한테는 사소한 것이라도 자기 패를 보여서 좋을 게 없다는 선입견이 작동했던 모양이다. 어쨌거나 이 남자는 같이 살던 여자와 자식을 내팽개치고 전세금을 챙겨서 뛴 전직 양아치였다. 강산은 쉽게 변해도 천성은 변하기 어렵다. 지하실에 세 들어 살았던 장씨 아저씨가 거래처를 두고 평가할 때 자주 썼던 말이었다.

"서른이라. 서른이면 무슨 띠지?"

찬우가 걸어가며 물었다.

"네? 어, 저 띠요?"

알고 있는 건데도 기습적으로 물으니 순간적으로 헷갈렸다. 12간지에서 두 해 앞의 동물을 떠올리는데 찬우가 걸음을 멈췄다.

"여기야. 들어가서 이야길 하지."

찬우의 사무실은 복도 맨 끝에 있었다. 〈초록지대〉〈양명문화연구소〉라는 명판 두 개가 나란히 붙어 있었다.

"대로기획하고 같은 층이네요?"

현수가 공교로운 상황을 짚듯이 말했다. 서로 공조를 하는 단체가 같은 층, 복도 양쪽 끄트머리에 위치해 있는 것이 우스웠다. 눈 가리고 아웅, 이라더니. 속담과 함께 꼼지락거리는 새끼고양이를 안고 있는 다솜의 얼굴이 눈앞에 어른거렸다. 이 와중에.

"뭘 그리 넋을 놓고 있나. 들어와."

실내의 공간 크기가 대로기획과 비슷했다. 인테리어도 비슷했다. 책상 세 개가 기역자로 놓여 있고, 백과사전류의 책이 꽂힌 책장과 트로피들, 디귿자로 놓인 소파 세트, 심지어 벽에 붙어 있는 대형태극기까지.

"〈양명문화연구소〉가 뭐하는 데죠?"

〈양명문화연구소〉가 〈초록지대〉의 이중대라고 밝혀놓은 기사를 본 기억이 났다. 무슨 문화단체니 연구소니, 사람들이 떼거리로 모여 왁자하니 일을 도모하는 곳에 현수는 체질적으로 거부감이 일었다.

"뭐하는 데긴. 문화로 사기 치는 데지."

송찬우가 말을 해놓고, 농담이라는 듯 웃었다. 대놓고 사기를 치거나 그러지는 않지만, 빠져나갈 구멍만 있으면 사기도 치지. 대충 그런 의미 같았다.

현수가 검색한 기사들을 토대로 꿰맞추면 〈초록지대〉로 들어온 지원금이 〈양명문화연구소〉로 흘러들어가고 있었다. 〈초록지대〉가 교육 프로그램을 진행하겠다는 기획서를 써서 정부의 관련부처 지원금을 확보하면, 〈양명문화연구소〉와 계약한 문화기획자나 예술가 등 전문가급 인력이 일을 수

행하는 것으로 해서 인건비로 돈이 들어갔다. 〈대로기획〉 김학도 대표의 이름을 본 것도 그런 기사에서였다. 김학도라는 이름 옆에 한국미술협회 어쩌고 하는 직책이 적혀 있던 것을 본 기억도 났다.

"문화라고 우기면 문화 아닌 게 있나. 요즘은 좀 재미가 없는데, 한때는 꺼리가 넘쳤지."

세월 좋았지, 하는 투로 찬우가 말했다.

"〈대로기획〉이 〈양명문화연구소〉랑 파트너 회사예요? 선거 캠프도 맡은 것 같던데."

냉장고에서 녹차 캔음료 두 개를 가져와서 맞은편 소파에 앉는 찬우에게 현수가 물었다. 문화로 사기 치는 일뿐 아니라 이번 선거도 〈대로기획〉과 손을 잡으면서 험상궂은 화가들이 동원된 듯했다.

"글 보니까 팩트를 잘 추려냈더만. 그럼 대충 짐작했을 텐데?"

찬우가 떠보듯 물었다. 김학도 대표가 송찬우를 두고 왜 뺀질뺀질하다는 표현을 썼는지 알 것 같았다.

"조사는 좀 했죠."

현수는 부러 시큰둥하게 말했다.

찬우가 팩트를 잘 추려냈다고 말했지만, 송찬우가 꾸려가는 시민단체에 대해서는 스케치 정도만 했다. 한꺼번에 너무 많은 내용을 다루는 건 읽는 사람을 질리게 할 것 같았다. 그것도 그렇고 현수 스스로도 시민단체 일에 관심이 없었다. 그런 쪽으로 흥미가 동했다면 〈초록지대〉가 받은 지원금이 특혜에 가깝다고 지적한 신문 기사를 좀 더 파고들었을 것이다. 평소 이런저런 사이트에 익명의 닉으로 글을 쓰면서 아니다 싶은 건 시시콜콜 걸고넘어지고, 깨알같이 늘어놓는 것을 현수도 결코 싫어하지 않았다. 찬우가 팩트라고 인정한 건 그러니까 세라와의 관계였다.

"그럼, 그게 다 사실인가요?"

"사실이라고 믿고 쓴 거 아닌가?"

찬우가 되물었다. 질문을 되돌리는 식으로 대답을 대신하는 대화만큼 피곤한 것도 없다. 피곤한 대화 상대 앞에서는 말을 줄이는 게 낫다. 답답한 쪽은 현수가 아니라 송찬우였다.

"한 가지 궁금한 게 있는데."

현수는 경계를 늦추지 않고 찬우를 보았다.

"강세라가 현수 군한테 글을 올리라고 시킨 건가. 아니면, 현수 군이 이야기를 듣고 자발적으로 올린 건가."

현수는 눈을 끔벅거리며 잠시 생각했다. 켕기는 게 어느 쪽인지 알게 해주라는 안 감독의 조언이 머리를 스쳤다.

"그게 머… 어느 쪽이든 상관없잖아요."

"상관없지가 않지."

찬우가 중얼거리고는 잠시 침묵을 지켰다. 상관없지 않은 뭔가가 송찬우의 켕기는 점인가. 그를 켕기게 하는 게 뭔지 궁금했지만 경솔하게 굴지 않기로 했다. 두 사람 사이에 끼어들게 된 지금의 상황도 썩 달갑지 않은데, 양다리 걸치듯 찬우의 하소연까지 구구절절 듣다간 정말 빼도 박도 못하게 엮일 것 같았다.

"세라가 민경술 씨를 계속 만나고 있는 건 몰랐어."

찬우가 캔음료로 목을 축이고 나서 말을 이었다. 말의 뉘앙스가 이상했다.

"우리 아버지를 아세요?"

"몇 번 만났지. 〈도레미극단〉 할 때 민경술 씨하고 출판사 사람들 몇이 초대권 들고 공연 보러 왔더만. 민경술 씨는 그 후로도 종종 왔어. 공연 뒤풀이에도 와서 앉아 있고……."

찬우가 현수를 잠시 뜯어보다가 고개를 저었다. 저 제스처의 의미는 뭐지. 경술이 세라와 그렇고 그런 사이였다는 뜻인가.

"지난달에 세라 고모가 우리 집으로 찾아왔어요. 내내 소식을 끊고 살다가 이번에 무슨 일 때문에 연락이 닿은 거라던데요."

경술과 세라에 대한 오해를 내버려둘 수 없어 현수는 사실대로 말했다.

"무슨 일로?"

"그건 저도 잘 몰라요."

세라는 경술을 찾아와서 아이 이야기를 했다. 그보다 먼저 몸이 좋지 않다는 말을 했고, 아이한테 뭔가 해주고 싶다고 했다. 그 아이에게 욕심이 없다고도 했다. 눈을 가늘게 뜨고 쳐다보던 세라의 얼굴이 어른거렸다. 죽기 전에 할 일은 하고

가야지. 차갑고 축축한 우물 속에 앉아서 빠져나올 생각을 하
지 못했다던… 세라의 목소리가 날아들었다. 세라의 목소리
가 날아와 내려앉기라도 한 듯, 현수는 손바닥을 가만히 들여
다보았다. 손이 차갑고 축축했다. 꽃샘추위로 바람이 쌀쌀하
고 건조한 날씨였다. 모호하고 아픈 어떤 날카로운 감정이 현
수의 가슴을 긁고 지나갔다. 현수가 고개를 들었다.

"세라 고모가 어떻게 지냈는지 궁금하지 않으세요?"

"왜, 세라에게 무슨 일이 있나?"

그런 궁금증 따위는 가져본 적 없는 사람처럼 찬우가 말했
다. 찬우의 무심한 얼굴에서 현수는 아무런 감정도 읽을 수
없었다. 자신의 상처에 민감해서 무력해진 자포자기의 무심
은 저런 눈빛을 하지 않는다. 현수는 찬우를 마주보며 생각했
다. 그는 자신의 욕구에만 길들여져 자괴감이 들어설 여지를
차단해버린 사람이었다.

"세라 고모가 아픈 것 같아요. 많이요."

어렴풋이 어른거리던 어떤 생각의 조각들이 현수의 머릿속
에서 자리를 잡았다.

"세라는 젊을 때도 몸이 좋지 않았어. 직장 일이고 극단 일
이고 다 깡다구로 버텼지. 열정적이라고 말하긴 좀 그렇고, 뭐
든 열심히는 했지."

뭐든 열심히는 했지. 찬우의 말에 현수는 세라를 대신한 듯
모멸감 비슷한 감정을 느꼈다.

"세라 고모가 아픈 데는 아저씨 잘못도 크던데요? 지금 보

니 세라 고모가 저한테 왜 이런 일을 시켰는지 알 거 같습니
다."

세라를 따라 간 사이버 장례식에서 불곰처럼 포효한 게 학
습효과가 컸던 모양이다. 꾹꾹 누르기만 했던 감정을 드러내
는 것이 생각했던 것보다는 쉬웠다.

"그런가."

찬우는 심상한 표정으로 자리에서 일어섰다.

*

냉장고에서 캔커피 두 개를 더 꺼내 온 찬우가 소파의 상석
으로 자리를 옮겨 앉았다. 현수는 찬우가 내미는 캔커피를 받
아 탁자에 내려놓았다. 캔 커피로 목을 축이며 현수를 보고
있던 찬우가 입을 열었다.

"현수 군은 세라가 날 매장시키고 싶어 한다고 생각하나?"

찬우의 말투가 느긋하게 느껴졌다.

"그걸 왜 저한테 물어요. 아저씨가 세라 고모에게 한 짓을
생각해 보면 답이 나오겠죠."

현수의 반응에 찬우가 눈썹을 치켰다.

"세라는 날 매장시킬 사람이 아냐. 나한테 매년 편지를 보내
왔어도 협박 비슷한 말은 단 한마디도 꺼내지 않았어. 기자들
찾아가서 떠든 적도 없고 투서 같은 것도 날린 적 없어."

현수는 멍해졌다. 찬우가 한 말이 얼른 이해가 안 됐다.

"편지요? 무슨 편지… 세라 고모가요?"

현수가 물었다.

"세라가 나한테, 거의 매년, 질기게 편지를 보냈지. 한 번씩 전화도 걸어 왔고."

세라는 26년 전에 헤어졌던 송찬우를 얼마 전 뉴스를 통해 소식을 알게 됐다고 했다. 세라 입으로 그렇게 말한 것을 현수는 똑똑히 기억했다.

"저는… 무슨 말인지 모르겠어요. 이해가 안 돼요."

"내 말이. 그냥 하던 대로 편지나 보내고 전화나 할 것이지, 왜 갑자기 이 법석인지. 소문 듣자니 아이 입양 보내고 혼자 잘 살고 있더만."

괜한 일로 골치를 썩이는 지금 상황이 못마땅하다는 듯 찬우가 쩝, 소리를 냈다.

현수는 생각을 정리할 수가 없었고, 혼란스러웠다. 세라와 송찬우 사이에서 자신이 졸(卒)이 된 기분이었다. 둘 다 천연덕스럽고 뻔뻔했다. 참을 수 없이 기분이 더러웠다. 일 초도 더는 이 사람들하고 상대하기 싫었다. 바로 일어나서 뒤도 돌아보지 말고 나가버리자. 마음먹고도 현수는 그대로 주저앉아 있었다. 용을 쓰는데도 전신이 마비된 듯 몸을 움직일 수가 없었다. 얼굴이 뻘겋게 달아올랐다.

"괜찮나?"

현수는 찬우를 돌아보았다. 돌아보려고 했다. 현수는 잘 돌아가지 않는 고개를 빼서 앞으로 숙였다. 어릴 때부터 스트레스를 심하게 받으면 몸이 경직되는 증상이 있었다. 지나가는 사람들이 뒤뚱거리며 걷는 현수를 곁눈질하기 시작한 무렵부터였다. 원치 않는 시선을 받거나 스트레스를 받으면 일단 목이 뻣뻣해지는 증상이 나타났다. 목만 그런 게 아니라 팔다리가 딱딱해지기도 했다. 그럴 때는 누가 근육을 쥐고 비트는 것 같은 통증이 덮쳤다.

"모르겠어요, 대체……."

목소리가 갈라졌다. 세라는 송찬우와 둘이서 풀어야 할 이 일에 왜 굳이 자신을 끌어들인 걸까. 그러지 않아도 되는 일이었다. 그래서는 안 되는 일이었다. 납득할 수 없는 상황 앞에서 현수는 생각이 닫혔다. 마음이 닫혔다. 닫힌 마음속으로 원망과 슬픔이 고여 올랐다. 잠시 물러나나 싶던 사나운 통증이 목과 어깨로 와서 꽂혔다. 저도 모르게 비명이 새어 나왔다. 찬우가 자리에서 일어섰다.

"어디 보자."

찬우가 현수의 등 뒤로 왔다. 찬우가 눈에 보이지 않으니 마음이 불안했다. 결코 호의적일 리 없는 거인이 등 뒤에 서 있는 것 같았다. 거인의 콧김이 정수리에 느껴졌다. 현수는 자신이 숫구멍조차 닫히지 않은 갓난아이처럼 무력해진 느낌이었다. 찬우가 거인의 도끼 대신 단단한 손으로 현수의 어깨를 잡았다. 현수는 움찔했다.

"어이쿠, 이거 완전히 뭉쳤네."

찬우가 현수의 양쪽 어깨를 꾹꾹 눌렀다.

"아파요."

현수가 비명을 질렀다.

"안 되겠다. 이게 돌덩어리지 어디."

찬우가 옷걸이에 걸린 수건을 집어 들더니 냉장고에서 꺼낸 생수를 부어 적셨다.

"혈액순환이 안 돼서 그래. 내가 심장이 안 좋아서 이 분야는 반 의사지."

찬우는 현수가 입은 얇은 패딩을 젖히고 차가운 물수건을 목덜미와 어깨에 얹었다. 가슴이 둑둑둑 뛰었다. 으슬으슬한 한기와 함께 날카로운 떨림이 전신을 훑고 지나갔다.

"체질이 나하고 비슷하네. 나도 한때 100킬로가 넘었는데, 죽으라고 뺐지. 우리 같은 체질은 조심해야 돼."

찬우가 빵 반죽을 하듯 목덜미 살을 주물럭거렸다. 딱딱하게 뭉쳤던 어깻부들기가 조금 풀렸다. 둑둑거리는 가슴도 조금씩 가라앉았다. 현수는 눈을 감고 호흡조절을 했다. 움…파! 움…파! 물속에 잠기기 직전 숨을 깊게 들이마셨다가 고개를 물 밖으로 내밀면서 파, 하고 내뿜는, 수영을 처음 배울 때 가르쳐 주는 호흡을 2분쯤 했다. 수영은 한 달도 못하고 끊었지만 이때 배운 움파 호흡법이 경련이 일 때 효과가 있다는 것을 알았다. 호흡 덕분인지 몸이 부드러워지면서 어깨에 가벼운 압박통이 느껴졌다. 온기도 함께 느껴졌다. 찬우의 손에서 나온 따뜻하고 부드러운 기운이 현수의 몸으로 스며드는 느낌이었다. 편안하면서도 거북했다. 마음이 뻑적지근했다.

"됐어요, 이제 괜찮아요."

현수가 말했다.

"괜찮긴. 아직……."

됐다니까요. 현수는 몸을 빼서 옆으로 옮겨 앉았다.

"고개를 이쪽저쪽 돌려봐. 돌아가?"

"잘 돌아가네요."

뭔가 미진한 듯 현수의 안색을 살피던 찬우가 자기 책상에 놓여 있던 곽티슈를 가져다주었다. 다시 맞은편으로 가서 앉은 찬우는 현수를 잠시 바라보다가 입을 열었다.

"매년 7월 20일께 세라한테서 편지가 날아왔어. 내가 떠난 이듬해부터 작년까지 거의 매년."

티슈를 뽑아 패딩과 티셔츠의 물기를 찍어내던 현수가 동작을 멈추고 찬우를 보았다.

"별 내용이 없어. 나는 잘 지내고 있다. 당신도 잘 지내기 바란다. 그게 다야. 전화를 걸어서도 마찬가지고. 세라예요. 한마디하고는 끝이야. 더 무슨 말이 필요하겠냐는 듯 아무 말이 없어. 어쩌라고. 내가 뭘 물어도 대답을 안 해."

찬우는 정말 어이없지 않느냐는 듯 양팔을 벌린 채 손바닥을 위로 들어 보였다. 여자들은 저런 객쩍은 포즈를 좋아하는 걸까. 송찬우에 대한 세라의 집착이 무엇 때문인지는 궁금하지 않았다. 궁금한 건 세라였다. 현수 자신을 통해 세라가 하려는 일이 궁금했다.

"7월 20일이 무슨 특별한 날이었나요?"

"난들 아나. 말을 하든 욕을 하든 속을 털어놔야 말이지. 성격이 희한해. 오죽하면 내가 그런 식으로 달아났겠나."

더 이상 가벼울 수가 없다. 저 사람한테는 세라든 누구든 자기 인생 말고는 아무것도 아니구나. 현수는 조금 전 찬우한테서 느꼈던 온기를 털어내며 생각했다.

"세라 고모가 어쨌는데요."

현수의 통명스러운 말에 찬우가 고뇌에 찬 미소를 지었다. 자기 앞에 나타난 이 덩치 큰 골칫거리를 어떻게 달랠지 머리를 굴리는 중이겠지.

"세라가 뭘 어쨌다는 게 아니라… 현수 군이 글에 쓴 것처럼 그 무렵 모든 게 엉망이었어. 개막일이 두 번이나 연기되는 바람에 솔직히 나도 흥이 식었고. 공연 시작하면 빚더미에 앉을 게 불을 보듯 뻔했지. 어차피 안 될 공연이었어."

상황이 엉망인 것하고 세라가 무슨 관계가 있는지, 현수는 찬우가 늘어놓는 말을 알아들을 수 없었다.

"공연을 포기하면서 빚을 안 졌다면 세라 고모한테 빌린 돈은 왜 안 갚았어요?"

당시 상황에서 정확한 팩트는 세라에게서 전세금을 받은 뒤 송찬우가 사라졌다는 사실이다.

"그 돈은 절반 넘게 배우들 페이로 벌써 나갔지. 공연장 대관한다고 계약금 걸고 나니 한 푼도 안 남더만. 그냥 날린 거지."

"어차피 안 될 공연이었으면 진작 포기했어야 하는 거 아닌

가요?"

"그렇긴 하지."

찬우가 순순히 인정했다.

"그래도 이왕 마음먹은 거 공연까지 가보자, 의기투합을 했지. 우리가 또 그런 게 있거든. 할까 말까 할 때는 하는 게 답이란 말이지."

"그래서 질질 끌다가 막판에 접었어요? 그것도 하루 전날……."

"그날 민경술 씨가 찾아왔어."

찬우가 현수의 말을 잘랐다.

"리허설을 마치고 단골 파전집에서 한잔하고 있는데 들어와서 내 앞에 앉더만."

"우리 아버지가요?"

"내 앞에 앉아서 대뜸 세라하고 결혼할 생각이 있는지 묻더군."

현수는 입을 다물고 찬우의 말을 들었다. 송찬우 입에서 무슨 말도 안 되는 소리가 나올지 궁금하기도 하고 겁도 났다.

"결혼할 생각도 없으면서 여자한테 그렇게 업혀살아서 되겠느냐. 그게 남자가 할 짓이냐. 그럴 바엔 차라리 갈라서는 게 낫지 않느냐. 이런 말을 늘어놓더라고. 참내, 처음엔 내 귀가 어찌 된 줄 알았다. 완전히 나를 여자 등쳐먹는 사기꾼 취급을 하더만."

"우리 아버지가 왜요. 말이 안 되잖아요."

현수는 고개를 저었다. 경술은 그렇게 입바른 소리를 남한 테 대놓고 하는 성격이 아니었다.

"말 안 되지. 상식적으로 부하 여직원 일에 그런 식으로 나서는 상사가 어딨냐. 세라하고 둘이 각별한 사이였다면 모르지만."

찬우가 네 생각은 어떠냐는 눈길로 현수를 보았다.

경술이 제삼자가 아니라는 말을 하고 싶은 건가. 송찬우 몰래 경술과 세라가 불륜이라도 저질렀단 뜻인가. 현수는 송찬우의 말을 어디까지 믿어야 할지 알 수가 없었다.

"두 분은 왜 결혼을 안 했어요? 아이까지 있었다면서요."

송찬우 말이 사실이라면, 경술이 던졌을 상식적인 질문은 이것밖에 없다.

"상황이 상황이니만큼… 결혼할 여건이 못 됐지. 애시당초 결혼 같은 걸 할 생각도 없었고."

결혼할 생각이 없었다? 무슨 의미로 하는 말인지 알 수 없어 현수는 멀뚱거리며 찬우를 쳐다보았다.

"처음부터 나는 세라한테 결혼에 뜻이 없다고 선을 그었어. 자취방 방값도 못 버는 연극쟁이가 무슨 결혼씩이나 하려고 욕심을 내나. 세라도 그런 사정을 다 알고 있었고, 결혼 말을 입에 올린 적이 없어. 애 낳고 나서도 마찬가지였고. 그게 뻣뻣한 자존심 때문인 줄 알았는데… 민경술 씨가 찾아온 걸 보면, 그게 아니었던 거지."

찬우가 모종의 암시를 담은 웃음을 흘렸다. 현수는 머릿속이 하얗게 비는 느낌이었다.

저 사람 말은 믿을 수가 없어. 자기잘못을 피해 가려고 아무렇게나 떠드는 거야.

세라가 뻣뻣한 건 경술과의 관계처럼 어떤 믿는 구석이 있어서가 아니었다. 알량한 자존심 때문도 아니었을 것이다. 현수는 세라에 대해 그 정도는 알 수 있었다. 현수가 보기에 세라의 뻣뻣함은 어떤 태도였다. 허술하고 삐걱거리는 몸을 붙잡는 마음의 뼈대 같은.

"내가 떠나면 자기가 뒷일을 알아서 하겠다고 그러더만. 민경술 씨, 자네 아버지가 말이야. 오해하고 말고 할 게 없었어."

현수는 인상을 찌푸린 채 찬우를 쏘아보았다. 반박할 말이 없었다. 어쩌면 반박을 하고 싶지 않은지도 몰랐다.

"뒷일을 알아서 하겠다는 건 세라뿐 아니라 아이까지 책임을 지겠다는 뜻인데, 자네 같으면 그 자리에서 무슨 말을 했을 거 같나."

현수가 그 자리에 있었다면 무슨 말을 하기 전에 창피해서 죽었을 것이다. 살면서 남한테 그런 소리를 듣는 인간이 몇이나 되겠는가. 그런 소리를 하는 인간도 현실적으로 있을 것 같지 않았다. 경술이 뒷일을 책임지겠다고 했다는 송찬우의 말은 역시 믿을 수가 없었다. 거짓말은 팩트가 아니라 맥락에서 나오는 법이었다. 경술이 설사 그런 말을 했다 하더라도 그 말을 할 수밖에 없는 다른 맥락이 분명히 있을 것이다.

"민경술, 그자가 결국 내 운명의 키를 돌린 셈이지. 내 앞에서 한참 떠들다 나가는데 기분 참 더럽더만. 그래, 막걸리 한 잔 들이켜고 웃어넘기려고 했지. 그런데 막걸리를 몇 잔째 들이켜도 웃음이 나오질 않더라고. 화도 나지 않았어. 마음이 착 가라앉으면서 얼음장처럼 식데. 세라도 아이도… 마음에서 내려놨어. 다 내려놓고 술집을 나왔어. 소주 몇 병 사 들고 눈에 띄는 여관으로 들어갔지. 거기서 사흘을 처박혀 있다가 지방으로 내려간 거야. 그리고 돌아가질 않았고… 그렇게 된 거지."

"그게, 그렇게 쉬웠어요?"

한마디를 묻는데, 숨이 가빴다. 찬우의 이야기를 듣는 내내 마음이 방향 잃은 파도처럼 출렁거렸다. 지금 찬우는 자신의 모습을 위악적으로 현수에게 보여주고 있었다. 위악이 아니라면 사람이 저럴 수는 없었다.

"세라하고 같이 사는 것보다는."

벌써 오래전에 내린 결론이라는 듯 찬우가 머뭇거리지 않고 말했다.

"모를 거다, 세라하고 같이 사는 게 어떤 건지. 무슨 여자가… 사람 자체가 이해가 안 돼. 먹고 싶은 것도 없고, 하고 싶은 것도 없고, 좋아하는 것도 없어. 불평할 줄도 몰라. 죄 지은 사람처럼 그냥 내 눈치만 보는 거야. 내가 먹고 싶은 게 뭔지 눈치를 보고는 자기도 그걸 먹고 싶다고 하지. 내가 연극을 하니까 연극이 뭔지 쥐뿔도 모르면서 극단을 들락거려. 참 한결같기는 하더라만, 같이 있으면 진절머리가 나. 어떨 땐 무서

161

워. 죽으라면 죽는 시늉까지 하는 거, 그거 사랑 아니거든. 사랑은 무슨, 백 퍼센트 감정적 폭력이지."

"폭력이라는 말을 참 희한하게 쓰시는군요."

현수가 말했다. 세라를 대신해 화를 내고 싶지 않았다. 끓어오르는 감정을 누르는데도 어깨와 등에 힘이 들어갔다. 아무 권리도 없고, 자격도 없고, 욕구도 없는 사람처럼 군다고 해서 아무 권리도 없고, 자격도 없고, 욕구도 없는 사람처럼 취급하면 안 되는 것이다. 그건 배우지 않아도 알 수 있는 거다. 사람한테는 염치라는 것이 있고 상식이란 게 있지 않은가.

"그래서 아저씨는 아무것도 잘못한 게 없다는 건가요? 세라 고모한테 아저씨가 한 짓도 떳떳하고요? 그럼 제가 무슨 글을 어떻게 올리든 별 신경 쓸 거 없겠네요?"

현수는 머릿속에 떠오르는 대로 지껄였다. 한두 번 성질대로 내지르고 나니 입이 풀린 모양이었다.

"그런 말이 아니잖나. 세상에 죄 없는 사람은 없지."

찬우가 말했다.

"그때는 나도 젊고 철없었어. 생각하면 세라한테 미안하지. 그런데 지금 와서 뭘 어쩌겠나. 시간을 되돌릴 수도 없고."

시간을 되돌릴 수 있다면, 저 사람은 다른 선택을 했을까. 그에게 묻고 싶은 말을 고르는데 찬우가 다시 입을 열었다.

"세라한테 가서 전해줘. 나한테 편지를 보내는 것도 좋고 전화를 하는 것도 좋아. 다 좋은데, 인터넷은 곤란해. 알다시피 시민단체 대표라는 게 이미지로 먹고 살잖나. 먹고살 길은 터

줘야지. 고양이도 도망갈 구멍 보고 쫓는다는데."

찬우가 자기 진심을 알아달라는 듯 눈에 힘을 주고 현수를
보았다.

"고양이가 아니라 쥐예요."

"뭐가?"

"고양이가 아니라고요. 쥐도 도망갈 구멍 보고 쫓는다고요."

멍한 표정으로 눈을 끔벅이던 찬우가 아, 하고는 맥 빠진 웃
음을 흘렸다. 오늘 현수 앞에서 그는 고양이가 쥐를 놀리듯
몇 가지 거짓말을 휭휭 날렸을 것이다. 알고도 날리고 모르고
도 날렸을 것이다.

"고양이든 쥐든… 아무튼 현수 군은 내 입장을 이해해줄 수
있겠지?"

현수한테서 긍정적인 답변이 나올 것을 예상하는 표정으로
찬우가 물었다.

"제가 이해한다고 뭐가 달라지겠어요?"

현수는 말끔하게 면도가 된 찬우의 턱을 보면서 말했다. 그
는 상대를 설득하지 못할 거라는 불안 따위는 느낄 필요가 없
는 척하는 영업사원처럼 굴고 있었다.

"이 일을 자네한테 맡겼잖나. 현수 군이 더 이상 글 올리기
싫다고 하면 세라도 강요 안 할 거야."

"제가 뭐라고요."

"세라는 한번 믿기로 했으면 전적으로 믿고 의지하는 여자
야. 마음에 들건 안 들건 그냥 자네가 하자는 대로 할 거라고.

결국 모든 게 현수 군한테 달렸어."

"왜 저죠?"

현수가 물었다.

"뭐가?"

"저한테 모든 것이 달렸다면서요? 그게 왜 저냐고요."

의아한 표정으로 현수를 쳐다보던 찬우의 표정이 조금 굳
었다.

"제가 입양 보냈다던 그 아이여서요?"

세라를 만난 뒤로 계속 머릿속에서 울리던 소리가 저절로
터져 나온 느낌이었다. 현수의 얼굴에 멈춰진 찬우의 눈길이
흔들렸다. 자신이 실제로 그런 소리를 입 밖에 냈는지 현수는
혼란스러웠다.

세라의 사랑법

차 열쇠는 현수의 손에서 겉돌았다. 손에 쥐는 순간 세상을 손안에 쥔 듯할 거라는, 차에 대한 환상은 현수한테 없었다. 환상은 고사하고 면허도 없었다. 열쇠를 건넨 영업맨은 알아듣지 못할 설명을 늘어놓고 돌아갔다.

"아뇨, 이거 진짜 가져도 되나."

막 뽑은 신차답게 반짝반짝 빛나는 모닝을 앞에 두고 현수는 난감했다.

"그렇게 고민 되면 우리한테 넘겨라."

안 감독이 현수의 손에서 열쇠를 낚아채더니 운전석으로 가서 앉았다. 현수 앞으로 차가 배달됐다는 소식에 우르르 몰려 내려왔던 철공소 사람들이 차 안으로 들어가 자리를 잡았다. 다솜마저 웹툰과 장편이 앉아 있는 뒷자리로 들어갔다.

"우리, 동네 한 바퀴 돌고 온다?"

안 감독이 경적을 빵빵 울렸다. 차 안에서 사이좋게 붙어 앉은 사람들이 현수에게 손을 흔들었다.

"그러세요, 저는 먼저 올라갈게요."

현수는 심드렁하게 말했다. 다솜과 눈길이 마주쳤지만 현수는 그냥 등을 돌렸다.

철공소로 들어가자 까뮈와 복들이가 야오옹오 야무진 소리로 울었다. 오며 가며 머리와 등을 쓰다듬어 주는데, 현수는 바로 자리에 와서 앉았다. 마음이 갈피가 잡히지 않고 오락가락하는 느낌이었다. 차 한 대를 뽑아준다고는 했지만 이렇게 눈앞에 떡하니 갖다놓을 줄은 몰랐다. 아직 글을 다 올린 것도 아니었다. 일단 경술이 보기 전에 잔소리를 피할 변명을 생각해야 했다. 아니지, 현수는 휴대폰을 꺼냈다. 세라한테 전화부터 해야 할 것 같았다.

"까뮈, 복들이! 조용히 해!"

휴대폰을 든 채 현수가 고양이를 돌아보며 짜증을 냈다. 입가에 까만 테를 둘렀던 막내는 웹툰이 데려갔고, 몸이 온통 새까만 까뮈와 살이 통통한 복들이만 남아 있었다. 막내가 웹툰에게 입양되던 날, 남은 두 마리를 3층 거실에 갖다놨는데 이틀을 보내고 다시 철공소로 돌아왔다. 사주 보러 온 아줌마 한 명이 알레르기가 있다며 기겁을 했고, 경술이 현수를 불렀다.

현수는 경술이 나무판자를 쪼개서 얼기설기 맞춰놓은 고양이집을 들고 내려와 출입문 왼쪽 구석자리에 놓았다. 현수가 까뮈와 복들이를 안아 들고서 이 애들이 조금 더 클 때까지 철공소에 두면 안 되겠느냐 하니 다들 열렬히 그러자고 했다. 고양이 울음소리가 작업에 방해가 된다고 불평하는 사람도 없었다. 그래도 현수는 입장이 입장인지라 신경이 쓰였다. 물에 불리지 않은 사료를 먹을 만큼 컸으니 지하실에 보내버릴까, 싶었다. 눈에 보이지 않으면 신경 쓸 필요도 없을 것이다.

송찬우 측에 납치됐다 온 뒤로 현수는 신경이 날카로워져 있었다. 늘 들락거리는 위키나 오유에 들어가도 재미가 없었고, 송찬우를 제대로 주저앉힐 사업에 얽힌 뒷조사도 하지 않았다. 세라한테서 몇 차례 걸려 온 전화도 받지 않았다. 다 귀찮았다. 이게 무슨 장렬한 뒷북인지, 현수는 이상하게 억울하고 분한 감정이 속에서부터 자꾸 치받쳤다. 뭔지 모르게 견딜 수 없는 심정이었다. 모든 게 묘연하고 흐릿했다. 도대체 누구를 향한 건지 알 수도 없는 감정이 불끈불끈 치밀 때마다 가슴에 번지는 어릿한 통증이 차라리 반가웠다. 눈에 보이지 않는 것의 존재감을 드러내는 데는 통증만큼 확실한 게 없다.

—맥도날드 행운쿠폰 있는데 같이 가요. 제가 쏠게요.

며칠째 현수가 뚱하게 앉아 있자 어제 오후, 다솜이 카톡을 보냈다. 평소의 현수였으면 속으로 환호성을 질렀을 것이다. 그런데 어제 현수는 카톡으로 간단한 문장 하나만 보냈다.

—죄송해요, 일이 좀 있어요.

기분이 이런데 아무렇지 않은 척 다솜과 웃고 떠들 수가 없었다. 호의를 일언지하에 거절당하고 기분이 나빴을 텐데, 다솜은 어제도 그렇고 오늘도 별다른 내색을 하지 않았다.

"앞좌석이 널널해서 좋네."

"디자인도 이쁘게 잘 나왔구."

동네를 열댓 번 돌았는지 한참 시간이 지난 뒤 사람들이 몰려들어 왔다. 개부럽다느니, 나도 알바 시켜줄 스폰서 좀 소개해 달라느니 말들이 시끄럽고 거칠었다. 눈살을 찌푸리고 있던 현수는 맨 뒤에 들어오는 다솜을 보고는 인상을 폈다. 현수와 눈이 마주치자 다솜이 앞니를 보이며 웃었다. 어제 일로 삐쳐 있을 거라 여겼던 다솜이 다정하게 웃는 모습을 보자 현수는 감동과 애정이 북받쳐 올랐다. 지난 며칠 자신이 퍽 외로웠다는 생각이 들었다.

"동네 뱅뱅이 도는 건 감질나서 안 되겠다. 현수 네가 정식으로 시승식 해야지. 코스부터 정해 봐."

현수에게 생긴 차는 철공소 공동소유라고 여기는지 안 감독은 싱글벙글 기분이 좋았다. 현수는 까뮈와 복들이 앞에 쪼그리고 앉는 다솜에게서 눈길을 떼고 말했다.

"저 운전면허 없는데, 시승할 사람 있나요?"

면허증 없는 게 창피하지는 않았다.

"면허증이 없다고? 너 군필 아님?"

안 감독처럼 묻는 게 귀찮을 뿐이었다. 그때 다솜이 사료봉투를 안은 채 왼팔을 번쩍 들었다.

"제가 몰아도 돼요? 시승기 써서 단톡에 올릴게요."

안 감독과 박은주, 장편과 웹툰이 동시에 다솜을 보았다. 여기 운전면허 없는 사람 있나. 눈치도 빠른 애가 왜 저래. 다솜에게 허를 찔린 사람들이 일제히 차주인 현수에게 고개를 돌렸다. 어이없다는 표정을 탑재하고 자신을 쳐다보는 눈길들

168

에 현수도 당황했다. 잠시 침묵이 흘렀다.

"거, 현수 차니까 다솜 씨가 운전하는 게 맞지."

별거 아니지만 묘하게 어색해진 상황을 안 감독이 정리했다.

"왜요? 저도 면허 땄어요. 경차 시승체험도 해봤구요."

웹툰이 불평했다.

"네가 양보해. 그런 게 있어."

안 감독이 말했다. 다솜은 웃음을 깨문 채 현수를 보고 있었다. 현수는 갑자기 기분이 가벼워졌다.

그래, 까짓 뭐가 문제람.

결국 세라와 송찬우, 두 사람의 문제였다. 그 두 사람이 어떤 인연으로 얽혀 있든 앞으로 현수의 삶이 달라질 건 없었다. 세라도 송찬우도 현수도 서로에게서 충분히 멀리 와 있었다. 그들이 현수에게 바라는 건 그들 각자에게 필요로 하는 것이지 현수가 필요로 하는 것이 아니었다. 현수에겐 지금처럼 가볍고 평온한 일상이면 충분했다. 생존에 필요한 최소한의 욕심으로 살아지는 무가치하고 무해한 삶, 그런 삶이 줄수 있는 단순명료한 일상을 깨트리고 싶지 않았다.

"저는 빠질 테니까 다섯 분이 드라이브들 하세요. 강변도로든 오이도 선착장이든 밟고 싶은 대로 밟으시고요."

현수의 제안에 주인공이 빠지다니 말도 안 되는 소리, 라고 외치면서도 자기가 대신 빠지겠다는 사람은 없었다.

"작업하다가 같이 저녁 먹고 오이도로 출발하자고. 올 때 어두워지면 내가 해도 되고."

"아뇨. 저, 야간운전 자신 있어요."

다솜이 손으로 브이자를 해보였다. 다솜은 겨울 내내 입고 다니던 방한용 조끼를 벗고 카디건을 걸치고 있었다. 연두색 목면 티 위에 폭신한 카디건을 걸친 다솜은 조금 더 여성적으로 보였고, 나이도 조금 더 들어 보였다.

*

"갖다 줘라."

현관으로 들어서는데 거실에 나와 앉아 있던 경술이 말했다.

"어, 어떻게 아셨어요?"

신발을 벗고 들어가며 현수가 물었다.

"주차장에서 동네가 시끄럽게 떠드는데 어떻게 모르냐."

현수는 저도 모르게 피식 콧소리를 냈다. 차 두 대를 앞뒤로 겨우 세울 수 있는 건물 옆 마당을 주차장이라고 표현하다니, 조크로 한 말은 아닐 건데 은근히 웃겼다. 경술이 안경을 코 끝에 걸치고 히죽거리는 현수를 빤히 쳐다봤다.

"어찌 된 거냐."

"세라 고모가 시키는 일을 좀 했거든요. 차 한 대 뽑아준다고 했는데, 정말 뽑아줄 줄은 몰랐죠."

"세라가 어떤 일을 시켰는데?"

"그게…….."

경술의 물음에 현수는 잠시 머뭇거렸다. 그러나 어차피 알게 될 일이었다.

"양명시 시장후보로 나선 송찬우라고 아시죠?"

경술이 목을 뻣뻣하게 세운 채 현수를 봤다.

"그 사람 과거사를 인터넷에 올려 달라고 해서 올렸어요."

"과거사라고? 두 사람 사이에 어떤 과거사?"

"전세금 떼먹은 거랑……."

"떼먹은 거랑, 또?"

"또, 세 살짜리 아이를 입양 보낸 거랑 그런 거요."

허…

얼척이 없구나. 평소 같았으면 나무라듯 내뱉었을 말 대신 경술은 탄식소리를 나지막이 냈다.

"세라가 그런 이야기를 다 해주던?"

"네, 고모 친구분한테 들은 것도 있고요. 대충 써서 올렸어요."

경술은 미간에 주름을 잡고 아랫입술을 내민 채 아무 말이 없었다. 한바탕 충격의 여파가 지나갔는지 앞으로 튀어나왔던 눈썹이 제자리로 돌아갔다. 경술이 심상한 투로 입을 열었다.

"그래서 차를 줬다… 잘했구나, 아주."

"진짜요?"

경술이 안경을 벗어 탁자에 놓았다.

"송찬우가 시장후보로 나가든 곡마단 단장으로 나가든 내 버려둬라. 네가 상관할 일이 아니다. 세라가 너한테… 말을 하

171

려니 기가 다 막히는구나. 여하튼 지금 당장 세라한테 차를
갖다 줘라."

"네? 제가 일하고 받은 건데, 왜요."

"왜요?"

"그리고 저 운전도 못해요."

"운전 못하냐?"

"네."

경술이 한숨을 푹 내쉬고는 안방을 가리켰다.

"내 방 가서 휴대폰 좀 가져오너라."

"전화하시려고요?"

"해야지."

"아버지."

송찬우의 의심처럼 경술이 세라에게 딴마음을 품고 있었다
면, 아이의 생물학적 아버지는 송찬우가 아닌 경술일 수도 있
다. 송찬우한테서 세라와 경술 사이를 의심하는 이야기를 들
었을 때는 자기 잘못을 떠넘기려는 수작 같다고 여겼지만, 일
말의 가능성은 남아 있었다.

"송찬우하고 아버지하고 두 사람 가운데 세라 고모가 입양
보낸 아이의 친부가 누구예요?"

경술이 뻐끔한 눈으로 현수를 보았다.

"그걸 지금 말이라고 하냐. 헛소리 그만하고 휴대폰이나 가
져오너라."

분명 대답을 피하는 눈치였지만, 이런 문제로 경술을 계속

추궁하는 것도 할 짓이 아닌 성싶었다. 눈을 끔벅거리고 앉아 있던 현수가 불퉁하게 말했다.

"차를 굳이 돌려줄 건 없잖아요. 사실상 차는 저한테 준 것도 아니고요. 아버지한테 빚진 것을 갚는다는 마음으로 보낸 걸 거예요."

"빚이라니. 세라는 나한테 빚진 거 없다."

"옛날에 송찬우가 써버린 전세금, 아버지가 대신 갚아줬다면서요?"

"허어 참, 별 쓸데없는 이야기까지 다 했는갑네."

경술이 버럭 화를 냈다.

"그걸 빚으로 쳤으면 이자까지 쳐서 받았을 거다. 그깟 차 한 대로는 어림도 없다. 세라 얘는 나이 먹더니 헛소리만 늘었나."

"빚으로 안 쳤으면 그냥 준 거예요? 친오라버니도 아닌데 어떻게 그래요?"

사람 사이를 규정짓는 데 가장 분명하고 확실한 척도는 돈이다. 제대로 돈을 벌어본 적은 없지만 현수도 만고불변의 진리는 알고 있었다. 내 돈을 쓰는 게 아깝지 않다면 그 사람이 내가 사랑하는 사람이다.

"친오라비였으면 세라는 맞아 죽었지. 큰오빠가 나중에 결혼자금으로 주겠다는 것을 고집을 부려서 전세를 얻어 나왔는데, 그걸 날린 거 알면 세라를 가만뒀겠냐."

"아버지가 세라 고모를 살렸네요."

"부하직원이 곤경에 처했는데 알면서 모른 척을 하냐?"

"부하직원이 남자한테 눈이 멀어서 돈 잃으면 그 돈을 다 메꿔 주나요? 아버지가 다 책임진다면서 송찬우한테 떠나라고 했다면서요?"

경술이 억장이 무너진다는 표정으로 현수를 쳐다보았다.

"전세금을 찾아 쓰고 쫓겨날 처지라는 걸 누가 알았냐. 송찬우 그 엉큼한 자가 입도 뻥긋 안 하니 당연히 몰랐지. 그리고 네가 생각하는 그런… 혹시 세라하고 무슨 일이 있었는지 묻는 거라면, 그런 일, 없었다."

됐어. 여기까지.

경술이 아무 일 없었다고 하면 없는 것이다. 경술한테서 어떤 대답을 듣고 싶었는지, 현수는 제 마음을 솔직히 들여다보기가 겁났다. 경술은 그러니까 바보짓을 한 거였다. 송찬우가 돈을 다 써버리고 홀가분하게 떠날 수 있도록 등을 떼민 것이다. 뒤늦게 그 말을 세라에게 할 수도 없었을 것이다.

"세라 고모 일은 접어라. 차는, 내가 전화로 말 하마."

말을 끝내고 경술이 떨쳐 일어나 방으로 갔다. 현수한테서 어떤 소리가 더 나올지 몰라 서둘러 퇴장하는 것일 텐데, 표정은 자못 살벌했다. 캐묻지 않길 잘했지. 현수는 수첩을 펴놓고 전화 버튼을 꾹꾹 누르는 경술을 보며 생각했다. 심약한 경술을 굳이 괴롭히고 싶지 않았다. 세라와 찬우, 그리고 경술까지 얽힌 관계의 진실을 알아낼 방법은 따로 있을 것이다. 경술은 수화기를 귀에 바짝 댄 채 콧구멍을 벌름거리고 있었다. 호흡이 가쁜지 어깨를 들썩였다. 기색이 심상찮아서 현수는 전화를 끊고 나오는 경술을 보았다.

"세라가 병원에 입원했다는구나."

경술이 말했다.

"아침 출근길에 지하철에서 쓰러져 응급실로 실려 간 모양이야. 입원수속 마치고 지금 병실에 누워 있단다."

"세라 고모랑 통화한 거예요?"

"친구라더라. 자기도 출근하자마자 병원서 연락받고 와 있다면서……."

"병원이 어디래요?"

"병원? 병원이… 어디랬더라. 무슨 의료원이라고 하던데."

경술이 전화가 있는 안방으로 가려다 돌아서며 허둥댔다.

"시립의료원일 거예요. 세라 고모랑 같이 간 적 있어요."

현수는 철공소로 내려와 휴대폰과 지갑을 챙겨 들고 원천 지하철역으로 갔다. 지하철을 타고 나서 현수는 주머니에 넣어둔 돈을 꺼내 지갑에 넣었다. 세어보니 8만 원이었다. 같이 가자는 현수의 등을 떼밀면서 경술이 지갑을 열어 손에 잡히는 대로 집어서 건네준 돈이었다.

*

세라의 침대는 출입구에서 가장 먼 창 쪽이었다. 세라는 환자복을 입은 채 눈을 감고 있었다.

"저 왔어요. 의사는 뭐래요?"

링거액을 쳐다보고 있던 정숙이 현수를 돌아보았다.

"영양실조."

"네?"

"영양실조란다. 영양실조."

정숙이 밉살스럽다는 듯 세라를 노려보며 말했다. 세라는 곤하게 잠든 사람처럼 표정이 편안해 보였다.

"일부러 굶은 건 아니겠죠?"

현수가 물었다. 사는 게 시들해졌다고 누구나 죽기로 마음먹지는 않겠지만, 통증을 안고 살아야 하는 입장이라면 모를 일이다. 세라의 통증이 어느 정도로 고통스러운지, 통증을 견디며 사는 게 어떤 건지 현수는 짐작도 할 수 없었다.

"세라가 굶어 죽으려고 한 거 같아?"

정숙이 별소리 다 듣는다는 듯 콧방귀를 뀌었다.

"세라, 그렇게 무른 사람 아니야. 재가 언제 몸이 정상이었던 적이 있었게. 어릴 때도 툭하면 손목 발목 무릎 퉁퉁 부어올라서는 병원 가서 물 빼내고 했어. 그래도 몸 아프다는 핑계로 뭐 하나 포기한 적 없어. 선생님이 힘들면 주번 빼주겠다고 했는데, 싫다고, 아마 제일 열심히 했을걸. 독해. 얼마나 독한 앤데 죽을 생각을 해."

정숙이 화난 듯이 내뱉는 말을 들으며 현수는 보조침대에 주저앉았다. 땀이 식으면서 등이 선득했다. 병실까지 오는 동안 어지간히 마음을 졸였던 모양이다.

"무슨 놈의 병이 끼니마다 약이 한 사발이다. 약으로 배를 채우니 밥 들어갈 데가 있겠냐고."

정숙이 세라의 가방에서 약봉지를 꺼내 사이드 테이블에 놓으며 말했다.

"저기요."

누가 조심스럽게 부르는 소리에 현수와 정숙이 뒤를 돌아보았다.

"우리 어머니가 지금 막 잠이 들었는데……."

옆 침대를 지키고 있던 여자가 기도하듯 두 손을 맞잡고 죄송하다는 표정을 지었다. 정숙이 턱으로 복도를 가리켰다. 현수는 세라를 한 번 돌아보고 나서 정숙의 뒤를 따라 나갔다.

"배고픈데 일단 뭐 좀 먹자. 현수 조카도 점심 전이지?"

건물 1층으로 내려간 정숙이 로비 한쪽 구석에 있는 롯데리아로 발길을 옮겼다.

"어힛!"

현수가 빅불세트를 시키고 지갑에서 카드를 꺼내자 정숙이 짐짓 호통을 쳤다. 아랫입술을 꾹 물고 나무라는 표정이 친근하게 느껴졌다. 보통의 엄마라면 대부분 저럴 거라고, 현수는 정숙을 뒤따라가며 생각했다. 자식이 어떤 잘못을 저질렀다 해도 초겨울 호수처럼 조용히 차가워져서 마음을 얼리는 엄마는 없을 테니까. 시무룩하게 앉아 있던 현수는 진동패치 소리에 벌떡 일어났다.

"누군 영양실조로 죽어가는데 이렇게 입맛이 당긴다. 살이 안 찔 수가 있나."

정숙이 툴툴거리다 제 몫의 햄버거를 벌써 다 먹어치운 현
수를 보더니 손사래를 쳤다. 현수 들으라고 한 말이 아니라는
손짓이다. 정숙은 말을 에두르는 법이 없고 솔직했다. 그래서
현수는 물었다.

"세라 고모가 송찬우한테 계속 편지를 보내고 있었던 거 아
세요?"

정숙은 입가를 닦은 냅킨을 내려놓았다. 크게 놀란 표정은
아니었다.

"뭔 짓을 해도 하지 싶었다."

"제가 올린 글을 보고 송찬우 측근 사람들이 절 찾아왔어
요. 거기서 송찬우를 만났죠. 저한테 그러데요. 세라 고모가
거의 매년 7월 20일쯤에 편지를 보내온다고. 전화를 걸기도
했고요."

"7월 20일⋯⋯."

중얼거리던 정숙이 뭔가 생각난 듯 입을 열었다.

"한 번씩 세라가 촛불 켜놓고 청승 떠는 날이 있어. 생일날
이나 시월의 마지막 날, 1월 1일 같은 날 보면 촛불 켜놓고 분
위기를 잡아. 날 더운 7월에도 그러더니 그날이 그날인갑네.
뭐라더라, 좋건 싫건 자기 인생에 대한 예의라던가."

현수는 휴대폰을 꺼내 앱을 열었다. 자신의 양력생일 날짜
를 28년 전 연도로 들어가서 음력으로 변환했다. 7월 20일은
현수의 음력 생일날짜가 아니었다.

"얘기 안 듣고 뭘 보고 있어?"

정숙이 휴대폰 액정화면을 들여다보는 현수에게 물었다.

"7월 20일이… 밸런타인데이나 화이트데이같이 무슨 날인가 해서요."

"날은 무슨 날. 송찬우를 만난 게 그 무렵이었지. 여름방학 앞두고 연극 강사로 왔는데, 그날 애들을 죽 둘러보더니 세라한테 그러더라. 너 내 조연출해라. 네가 제일 잘할 것 같다."

"누구? 세라 고모한테요?"

"세라는 그 자리에서 맛이 갔지. 세라가 걸을 때 몸이 한쪽으로 기운다고 짓궂은 애들한테 15도 기울기니 뭐니 놀림을 받기도 했거든. 그런 애가 연극부 이쁜 애들 다 제치고 총각 강사한테 낙점을 받았으니 말 다했지. 하여간 영리한 인간이야."

정숙이 느낀 대로라면 영리하다기보다 교활하다는 표현이 정확할 것이다.

가을 학예회가 다가오면서 세라는 다른 부원들보다 갑절 바빠졌다. 연습시간이 늘었고, 송찬우를 실망시켜서는 안 된다는 두려움이 세라를 내몰았다. 세라는 다리를 절기 시작했다. 다른 스태프들이 앉아서 쉴 때도 소품을 끌어안고 강당 무대를 오르내렸다. 쟤, 왜 저래. 세라를 흘깃거리면서 아이들은 보기 괴롭다는 표정을 지었다. 다리를 절룩이며 심부름하는 세라를 보면서도 송찬우는 개의치 않았다. 세라가 다리를 전다는 사실을 염두에 두지 않는 게 아니라 아예 모르는 것 같았다.

"송찬우가 떠난 이유 말인데요."

현수가 조심스럽게 입을 열었다. 정숙은 식곤증이 오는지 억지로 눈을 치켜떴다.

"우리 아버지 아시죠? 송찬우는, 우리 아버지가 세라 고모를 좋아해서 자기한테 떠나라고 압박을 했다던데요. 들어보니 그 사람 입장도 이해는 되더라고요. 자신이 친부가 아니라고 오해했을 수도 있고요."

마음에 없는 소리였지만, 현수는 정숙이 혹시 알고 있을지도 모르는 사실을 끌어내고 싶었다. 정숙이 게슴츠레하게 풀렸던 눈을 번쩍 떴다.

"왜? 세라가 다른 남자하고 애를 만들었을 거라고 그래? 내가 듣다 듣다… 와, 진짜 미친놈이네."

정숙이 흥분했다. 배우가 아닌 다음에야 저 정도로 연기를 잘할 수는 없을 것이다.

"세라 고모한테 전세금을 마련해 준 사람이 우리 아버지라면서요. 그 얘기는 들었을 거 아녜요."

"당연히… 근데 가만! 왜 내가 지금 취조당하는 기분이 들지?"

현수가 일단 멈춤의 동작으로 정숙을 바라보았다. 산전수전 공중전을 다 겪은 아줌마를 우습게 봤다간 꿍꿍이속을 털리는 수가 있다.

"그게 아니라, 송찬우가 한 이야길 가만 생각해보니까, 생각할수록 이상해서요. 우리 아버지가 세라 고모를……."

"민경술 씨는 어땠는지 모르지만 세라는 아냐. 현수 조카를 앞에 놓고 할 소리인가 싶다만 참 안타까운 양반이네. 복임 씨 입장에서는 열통 울화통 다 터졌을 거구만."

정숙의 입에서 복임의 이름이 나와 현수는 깜짝 놀랐다.

"우리 엄마도 알아요?"

"글쎄, 설마 그런 말까지 와이프한테 했을라고."

"그게 아니고요. 김 소장님이 이복임, 우리 엄마를 아느냐고 요."

"알지. 그 당시 내가 책 방판 때려치우고 보험을 하고 있었 잖아. 보험설계사가 보험만 파는 게 아니고 보험설계사를 모 집하는 일도 하거든. 세라 덕분에 어떻게 저떻게 알게 됐지."

"세라 고모가 우리 엄마를 소개해줬어요?"

현수가 질린 표정으로 물었다.

"내가 세라 수첩을 달래서 훑어보다가 전화를 했어. 영업하 려면 철판 깔아야지. 여자들이 전화 받으면 돈 벌 생각 없냐 고 꾀는데, 복임 씨는 안 그래도 일을 하고 싶었다고 하더라 고. 초반에 제법 잘했어. 열심히 하는 것 같더니 몇 개월 안 하 고 그만뒀을 거야. 오래 뛸 사람 같았는데……."

마음속에서 뭔가가 툭 끊어지는 소리가 들렸다.

복임을 집 밖으로 끌어낸 사람이 세라였구나.

현수는 생각했다.

복임이 보험 영업을 한다고 나서지 않았다면, 그렇다면 모든 게 달라졌을 것이다. 명수가 자전거를 타고 달려가던 모습이 어제 일처럼 생생했다. 따라오지 마. 명수의 목소리가 골목 담장에 튕겨 현수의 귓전에 날아왔다. 명수가 자전거를 타고 달려가는 골목길이 현수의 머릿속에서 뒤틀린 시간을 타고 빙글빙글 돌아갔다. 현수는 틱 증상을 앓는 사람처럼 얼굴을 부르르 떨었다.

"전에요, 사무실에 갔을 때… 소장님이 그런 말씀을 하셨잖아요. 세라 고모가 낳은 애가 미국으로 입양……."

"어, 잠시만!"

갑자기 정숙이 현수의 말을 막으며 휴대폰을 집어 들었다. 문자를 확인한 정숙이 곤란하게 됐네, 하는 표정을 지었다.

"컴플레인 고객이야. 세 시에 사무실로 온단다."

어떻게 이렇게 중요한 질문에 딱 맞춰서 컴플레인 문자가 온 건지, 현수는 울 것 같은 떨떠름한 표정으로 정숙을 쳐다보았다.

"현수 조카가 세라 옆에 좀 있어야겠네. 깨면 약 먹이고……."

*

현수는 쿠키런 게임을 하다 말고 고개를 들었다. 언제 깨났는지 현수를 보고 있던 세라가 미소를 지었다. 혈색이 없이 좀 부은 것 같은데, 표정은 개운해 보였다.

"나 좀…….."

세라가 일어나려다 도로 누웠다. 현수는 보조침대에서 일어나 세라 등 뒤에 손을 받쳤다. 등이 워낙 말라서 손과 손목에 등뼈가 맞닿는 느낌이었다.

"어깨 뒤에 베개를 받쳐줘. 물하고 약도 좀 주고."

졸도했다가 깨어난 병실에 현수가 와 있는 것이 당연하다는 듯 세라는 현수를 간병도우미 부리듯 했다. 세라가 이것저것 시키는 게 싫지는 않았다.

"사이드 테이블!"

약봉지를 찾느라 두리번거리는 현수에게 세라가 말했다. 세라는 봉지에 든 약을 손바닥에 부었다. 약이 한 손 가득이었다.

"빈속에 드셔도 괜찮아요?"

현수는 컵에 물을 따라 세라의 손에 쥐여 주며 물었다. 약을 삼키고 난 세라가 현수를 보며 처량하게 웃고는 창 쪽으로 고개를 돌렸다. 언뜻 보였던 빈틈이 세라가 고개를 돌리는 순간 사라졌다. 현수는 왠지 조바심이 일었다.

"봄이구나. 세상에…….."

오랜 동면에서 깨어난 사람처럼 세라가 중얼거렸다. 세상이 넘치게 밝고 맑고 눈부셔서 감당하기 벅차다는 듯 목소리가 희미하게 떨렸다. 날씨가 저렇게 맑아도 미세먼지는 매우 나쁨으로 나왔더라고, 스마트폰을 열고 들여다본 정보를 지껄일 것까지는 없어서 현수는 가만히 있었다.

"철공소라고 했나? 현수는 다른 일은 안 하고 계속 거기서 지낼 거야? 나이도 있는데."

세라가 문득 현수를 돌아보며 물었다. 현수는 볼에 바람을 불어 넣고서 어색한 표정을 지었다. 뜬금없는 말을 듣거나 대답이 궁색할 때면 자기도 모르게 그런 표정이 나왔다.

"전 그냥… 말했잖아요. 체질적으로 직장생활이 안 맞아요."

나이 스물여덟에 하는 일 없이 공동 작업실에 틀어박혀 있는 현수를 보면 답답하고 한심해서 누구든 한마디 하고 싶은 모양이다.

"돈 때문에 하기 싫은 일 하면서 사는 것도 싫고요."

"돈이 문제가 아니라… 어디든 들어가서 적응을 하려고 노력을 해보지 그러니. 사람들 신경 안 쓰고 살려면, 직업이 있는 편이 나을걸."

"제 스펙으로는 갈 데 별로 없어요. 대학도 3년제 나왔고, 경력도 없고… 글고 저, 사람들 신경 안 써요."

현수는 좀 퉁명스럽게 말했다.

세라가 현수를 가만히 보다가 고개를 끄덕였다. 그래, 이유가 있겠지. 자신의 간섭이 주제넘은 짓이었다는 듯 중얼거리고는 창밖 매화나무 가지로 눈길을 돌렸다. 고개를 젖힌 세라의 목 뒤로 땡땡이 환자복이 헐렁하게 벌어졌다.

"몸 아픈 거 말이에요."

세라의 야윈 목에 눈길을 둔 채 현수가 조심스럽게 입을 뗐다.

"어릴 때부터 그랬다면서요. 무슨 지병 같은 건가요?"

세라가 현수 쪽으로 몸을 조금 돌리고 선선히 말했다.

"루프스라고, 자가면역질환이야."

"자가면역이면, 스스로 면역을 발휘한다는 뜻 같은데……."

"면역계가 바깥에서 들어오는 나쁜 균을 물리쳐야 되는데, 어디선가 잘못돼서 멀쩡한 세포까지 가리지 않고 공격하는 병이야. 공격을 당한 부위에서 이런저런 증상이 나타나지."

세라의 말을 들으면서 현수는 게임앱의 프로그램을 떠올렸다. 새 영역을 구축하기 위해 자기 영역의 일부를 파괴하는 프로그램도 있지만 시스템 오류로 인한 파괴는 프로그램 작동을 무시하면서 일어난다. 이른바 자살공격 같은 것.

"기계로 치면 시스템 오류네요."

현수가 말했다.

게임을 하다 보면 시스템 오류로 내가 만든 유닛이 나를 공격하는 상황이 벌어지는 경우가 있는데 흔치는 않았다. 레벨 디자인을 하다가 난이도 조절이 어긋났을 수도 있고 버그를 잘못 만들었을 수도 있다. 최근에도 한번 전쟁물에서 아군유닛이, NPC라고 부르는 중립유닛인데, 외부요인이 전혀 없는 상황에서 아군을 향해 총질을 해대는 것을 본 적이 있었다. 이런 정신 나간 유닛이 깜짝 이벤트로 선보인 게 아니면 백 퍼센트 망하는 게임이었다.

"꾸준히 약을 복용하면 괜찮아. 완치는 안 돼도 지연은 시킬 수 있으니 죽을병은 아냐."

생각에 잠긴 현수의 표정을 보며 세라가 말했다.

"약을 먹어도 통증을 없애지는 못하나요?"

"통증약은, 통증 때문에 죽지 않을 정도로만 처방해 달랬지. 스테로이드 부작용을 겪으면서 살고 싶지도 않고… 이왕 겪는 고통, 나를 벌하는 기도라고 생각하면서 그냥 견디고 있어. 멍청하게 살았던 벌은 받아야지."

"아이를 입양시킨 벌 말인가요?"

현수가 물었다. 질문보다도 날이 서 있는 어투에 세라는 놀란 듯했다.

"입양도 그렇고, 내 인생을 망쳐놓은 것도 그렇고……. 죽으면 이런 생각도 안 하겠지."

또 죽는다는 소리다.

"왜 자꾸 그런 소릴 해요. 죽을병 아니라면서요."

현수가 낮게 외쳤다. 죽음, 이라는 말은 현수에게 일종의 금기어였다. 경술과 복임에게도 마찬가지였다. 경술과 복임은 사람이든 동물이든 죽음을 함부로 입에 올리지 않았다. 살면서 한 번이라도 가까운 사람의 죽음을 경험해본 사람이라면 죽는다는 말을 세라처럼 쉽게 내뱉을 수가 없다.

"현수, 성질 있네."

세라가 농담을 했다. 현수는 웃지 않았다. 목숨은 내다 버리는 것이 아니었다. 아이도 내다 버리는 것이 아니었다. 내다 버린 아이에 대해 세라는 아는 게 너무 없었다. 아이가 살아오면서 겪었을 슬픔과 분노와 두려움에 대해 세라는 아무

것도 몰랐다. 아무것도 모른 채 송찬우에 대한 집착과 자신에 대한 연민에 사로잡혀 있었다. 자신에 대한 연민과 수치심을 끌어안고 스스로 빠져들어 간 우물 속에 세라는 여전히 갇혀 있었다.

"아파서 누워 있는 사람들은 늘 기도를 해. 너무 아프니까 자기도 모르게 기도를 하지. 살려달라고. 나 좀 살려달라고 매달리는 거야. 기도 대신 나는 생각을 해. 이것도 죽으면 다 끝난다. 이 정도는 내가 견딜 만하니까 견디고 있는 거다. 여기서 더 아프면 죽으면 돼. 괜찮아… 견딜 만해… 통증이 지나갈 때까지 생각하고 또 생각해. 그게 입버릇이 됐어."

세라의 말을 들으며 현수는 볼 안의 살을 깨물었다. 세라의 말이나 행동에 대해 상식적인 잣대를 갖다 댈 수는 없었다. 그녀가 누구든, 어떤 사람이든, 세라는 많이 아픈 사람이었다.

"죄송해요, 저는… 잘 몰랐어요."

"아는 게 이상하지."

세라가 가볍게 말했다.

"근데 언제부터 그렇게 아팠어요? 옛날에 극단에도 있었다면서 그때는 괜찮았어요?"

현수가 물었다.

"그때는 젊었으니까. 여상 막 졸업하고는 양명인쇄소라는 데서 경리로 있었어. 한 번씩 컨디션이 나빠지긴 했어도 크게 아프진 않았지. 서울로 가지 말고 얌전히 살았으면 이 정도까지는 안 됐을지 모르지."

인쇄소를 다니기 시작한 이듬해 가을, 송찬우가 〈극단 길〉에 있다는 소식을 들었다. 알아보니 〈극단 길〉은 연극계에서는 꽤 유명한 극단이었다. 세라는 신문 구인란을 펼쳐놓고 주소가 서울로 돼 있는 회사에 동그라미를 쳤다. 경리 이력서를 보낸 회사 가운데 몇 군데에서 전화가 왔다.

세라는 서울 충정로에 있는 〈곰소출판사〉에 경리로 취직했다. 연락이 온 곳 가운데 〈곰소출판사〉가 〈극단 길〉이 있는 안국동에서 가장 가까웠다. 세라는 회사 일을 웬만큼 익히고 나서 시간 나는 대로 연극공연을 보러 다녔다. 창작극, 번역극, 마당극 가리지 않고 눈에 띄는 대로 들어가서 봤다. 신촌과 명동의 소극장, 대학로에 있는 문예회관을 들락거리면서 아는 얼굴을 마주치기도 했다. 편집부 직원들 사이에서 우리 회사 경리가 연극광이라는 소문이 날 무렵, 〈극단 길〉에서 연기자와 스태프를 모집한다는 공고가 났다. 세라는 가장 재미있게 봤던 '유리동물원'과 '고도를 기다리며'의 몇 장면을 머릿속에서 재연해본 뒤 소극장 창구에서 받아 온 입단원서를 작성했다.

"이럴 거면 아예 우리 회사에 와서 방판이나 해라. 책을 팔면 수수료라도 먹지."

〈극단 길〉에 스태프로 들어간 뒤 세라가 내미는 예매표를 사주는 사람은 그래도 정숙밖에 없었다. 그날은 방송통신대 출석수업 마지막 날이어서 두 사람은 대학로 커피숍을 찾아들었다. 둘 다 서울에서 직장을 다니며 방송통신대학 경영학

과에 들어가 공부를 하고 있었다.

"너는 송찬우가 그렇게나 좋으냐?"

정숙의 말에 세라가 입술을 깨물고 웃었다. 정숙이 보기에 세라는 심하게 들떠 있었고, 어딘지 불안하고 위태해 보였다.

"요즘도 술 마시다 너 불러내서 술값 내라고 그래?"

정숙이 물었고, 세라는 킥킥 소리를 내어 웃으면서 고개를 끄덕였다.

"그 인간 그거 너를 아주 밥으로 여기는 거야. 지가 처먹은 술값 밥값을 왜 너더러 내달래. 경리 월급 몇푼이나 된다고. 정신 차려, 이년아."

정숙의 잔소리에도 세라는 키득키득 웃기만 했다.

생계벌이를 갖고 있는 다른 단원들과 달리 찬우는 조연출로 받는 돈 외에 수입이 없었다. 세라는 자신이 찬우에게 해줄 수 있는 게 많다는 점이 오히려 안심이 됐다. 그렇게 일방적으로 빨리는 건 사랑이 아니라고 정숙이 일갈했지만 세라는 귓등으로 들었다.

네가 사랑을 아느냐.

세라는 다만 속으로 반문했다. 아무리 친하다 한들 네가 나의 바닥을 알까, 중얼거릴 때 세라는 좀 비통한 심정이었다. 멀쩡하게 지내다가 무단히 뻣뻣하게 굳어버리는 병신의 몸으로 20대의 여성을 산다는 건 자기혐오의 골짝을 걸어가는 거였다. 비유를 허락지 않는 혐오의 감정으로 세라는 자신의 몸을 바라보았고, 송찬우만이 세라의 혐오에 관심이 없었다. 송찬우는 자기 자신 외에 관심이 없었다. 그는 자신에게 보이는 호의에만 반응하는 사람이었다.

송찬우가 사라지고 난 뒤 세라는 정숙에게 연락하지 않았다. 큰오빠나 올케에게도, 누구에게도 연락하지 않았다. 이미 퇴사해 나온 〈곰소출판사〉 팀장인 경술은 세라를 부득부득 찾아왔다. 그 무렵 병세가 급격히 악화되었고, 경술은 세라를 위해 자신이 할 수 있는 일을 찾아서 했다. 세라가 병원에 가 있는 동안 경술은 아이를 돌봤고, 쌀과 김치를 사다 놓고 연탄을 들여놨다. 세라는 말로 다 하지 못할 정도로 경술에게 고마웠다. 그러나 경술에게 느끼는 고마운 마음을 들여다보면 아무것도 없었다. 아무 감정이 생기지 않아서 고마움보다 미안함이 더 컸다. 경술이 찾아오는 게 부담스럽고 싫었다.

왜 그랬는지, 어느 날 경술이 송찬우의 소식을 군이 알아내어 전해주었다. 세라는 같이 가자는 경술에게 아이를 맡기고 송찬우를 찾아갔다. 뮤지컬 공연을 무산시킨 뒤 종적을 감췄던 송찬우는 대학선배가 하는 이벤트업체에서 일하고 있었다.

"두 분은 서로 어디서 뭘 하고 사는지 젊은 시절부터 알고 있었던 거네요?"

현수가 불쑥 끼어들었다. 수십 년 만에 그의 소식을 들었다는 식으로 자신을 속였던 세라의 속내가 궁금했다. 세라가 고개를 저었다.

"나를 못 봤을 거야. 강당 뒤에 서 있다가 그냥 나왔으니까."

어떤 여자대학 식품학과 명예교수를 내세워 약인지 건강식품인지 애매한 캡슐제품을 선전해가며 파는 소강당이었다. 세라는 소강당 뒷문으로 들어가 분위기를 띄우기 위해 투입된 레크리에이션 진행자를 보고 있었다. 송찬우는 능수능란하게 진행을 했다. 퀴즈를 맞힌 노인에게 상품을 주기 위해 그가 진행보조를 하는 여자에게 손짓을 했다. 여자가 오른손으로 상품박스를 받쳐 들고 송찬우에게 걸어갔다. 팔꿈치 아래에서 소매를 묶어놓은 뭉툭한 왼쪽 팔이 박스가 흔들리지 않도록 옆을 받치고 있었다. 세라의 눈길이 그 여자에게 가서 오래 멈췄다. 여자가 송찬우를 보는 눈빛이 낯설지 않았다.

세라는 돌아와서 경술의 제안을 받아들였다. 미국에 교환교수로 간다는 경술의 친구 부부는 아이를 입양한 뒤 전세금을 내주었다. 세라는 이사할 엄두를 못 내 그때까지 전세금을 돌려받은 집에서 월세를 내며 살고 있었다. 월세가 밀려 쫓겨날 즈음에 그 돈을 준 것이 선의였는지 거래였는지 구분하는 것은 당시의 세라에겐 별 의미가 없었다. 송찬우가 떠나고 병원을 들락거리면서 세라는 루푸스라는 병명을 진단받았다. 루푸스 환자의 사망률이 지금보다 훨씬 높던 때였다. 병 자체가 어디로 튈지 모르는 공이라고 보시면 됩니다. 병명을 알려준 의사한테서 세라가 처음 들은 말이었다. 언제 고아로 만들지 모르는 환경보다 능력 있고 안정적인 양부모 밑에서 자라는 게 낫다는 경술의 충고를 거부할 수 없었다.

*

"그렇게 된 거네요."

현수가 참았던 숨을 내쉬며 중얼거렸다. 아이가 미국에 교환교수로 가는 양부모를 따라갔다고 말한 건, 지금 눈앞에 있는 현수 때문일 것이다. 현수가 먼저 세라를 친엄마로 인정하고 나서지 않는 한, 세라는 스스로 그 사실을 밝히고 싶지 않은 것이다.

"…어쩔 수가 없었어."

세라가 중얼거렸다. 깍지를 긴 앙상한 손을 비틀면서 세라는 현수의 눈을 피했다. 세라는 눈앞에 현수를 두고서 죽은 명수를 보고 있던 복임과 다르지 않았다. 복임이 그랬듯, 세라 역시 자신이 입은 상처와 통증을 견딜 만한 절망으로 변형시키고, 그것을 곱씹으며 살고 있었다. 통증이 자신을 벌하는 기도와 같다고 했던 세라에게 송찬우에 대한 원망은 자기 스스로에 대한 경멸과 분노를 견딜 수 없을 때 들추어 기어드는 도피처 같은 건지도 모른다. 어쩔 수 없다는 평계를 내세우면서 결국 아이를 버렸다는 죄책감마저 버릴 수 있는.

"제 친구 중 그런 애가 있어요."

현수가 말했다. 말을 꺼내놓고서 현수는 눈썹을 찌푸린 채 생각을 정리했다. 머릿속보다 심경이 더 복잡했다.

"그 애 말이, 얼마 전에 부모님이 양부모라는 것을 알게 됐대요. 아버지가 큰 수술을 받을 일이 생기는 바람에 알게 됐

192

다는데… 사실은 자기는 진작부터 알고 있었던 것 같대요.”

“아무래도…….”

세라가 뭐라고 중얼거렸다.

“집이 괜찮게 살아요. 부모님도 되게 자상한 편이구요. 그런데도 한 번씩 냉기 같은 걸 느끼게 되더래요. 왜 그런 것 있잖아요. 따뜻한 물속에서 감지되는 차가운 기운 같은 거요. 처음에는 그게 차가운 건지도 모르다가 어느 순간 알게 되죠. 그렇게, 그냥 알겠더래요. 자기가 있을 자리가 아닌 것 같다는… 조금만 잘못한 게 있어도 이상하게 눈치가 보이고, 가시방석에 앉은 것처럼 불편하고 그랬는데, 그런 자기 마음을 부모에게는 들키고 싶지 않더래요. 그래서는 안 될 거 같아서요.”

현수는 빠르게 말을 내뱉고 어깨를 으쓱했다. 세라는 눈을 반쯤 감은 채 조용히 앉아 있다가 뭐라고 웅얼거렸다. 무슨 말을 했느냐고, 현수는 묻지 않았다. 이불 위에 내려놓은, 마디마디 기역자로 비틀린 세라의 손가락을 보고 있다가 입을 열었다.

“송찬우에 대한 복수 말고… 아이가 궁금하고 보고 싶었던 적은 없었나요?”

어떤 기억의 바닥에 가닿은 것처럼 세라의 눈빛이 멀어졌다.

“그런 마음이 왜 없었겠니. 있었겠지.”

있었겠지… 말꼬리를 잡아 물으려던 말이 구멍이 숭숭 뚫린 것처럼 마음속에서 부서졌다. 끓던 마음이 바닥으로 가라앉으면서 세라에 대한 반감이 갑자기, 허망하게 사라졌다. 뱃속이 텅 빈 느낌이었다. 텅 빈 뱃속이 현수에게는 슬픈 곳이었다. 현수가 받아온 상처의 중심부는 외롭고 허기진 느낌으로 시작된 슬픔이 무력하게 고이는 곳이었다.

"내 기분이 오늘 다르고 내일 달라. 오늘은 햇볕 속에 몸을 내놓고 있지만 내일은, 아니면 모레는 면도날을 목에 대고 거울 앞에 앉아 있겠지. 아니, 놀랄 거 없어. 그냥 갱년기에 나타나는 조울증이야. 면도날을 진짜 들겠다는 게 아니라 내 기분이 그렇다는 얘기야. 기분이 이런 상태에 접어들면서 아이가 마음에 걸렸어. 어쩔 수 없이… 어쩔 수 없어서 보낸 건데, 내가 정말 어쩔 수 없었나… 머리에서 그 생각이 떠나질 않아. 아이 생각을 하지 않을 때도 내 머릿속 어딘가에는 늘 돌처럼, 단단한 뼈처럼 아이가 박혀 있어. 그게 다 무슨 소용이겠느냐만."

소용이 없긴 하죠. 마음속으로 현수는 중얼거렸다. 소용이 없어진 말들이 현수의 슬픈 시간을 따라 흘렀다. 세라는 자신이 맞게 될 죽음보다 아이가 맞게 될 현실이 더 두렵고 막막했을 것이다. 당장 죽음이 방 안에 들어와 있는 것처럼 순간순간 두려움에 압도되었을 거다. 그러니 아이를 잡은 손을 놓았겠지. 우물 턱을 짚은 손에 힘을 빼버리듯 손에서 힘을 빼고 뛰어내렸겠지. 어둡고 깊은 바닥으로. 더 이상 떨어져 내리지 않아도 되는 곳. 그런데…….

"왜죠?"

현수가 말했다.

"왜 그 아이를 찾으려고 하죠. 저번에 그랬잖아요. 아이에게 해줄 게 있다고."

세라가 고개를 저었다. 현수는 잠자코 세라를 쳐다보았다.

"어느 날 내가 덜컥 죽을지도 모르니까… 사실을 알려줘야겠다는 생각이 들더라. 늦지 않게, 지금도 너무 늦은 거지만… 제 인생에서 뭐가 떨어져 나갔는지 어떤 일이 있었는지 그 애가 알게 해주고 싶었다. 세상에, 내가 해줄 수 있는 게 이것밖에 없어."

세라가 떠듬거리며 이어가던 고백을 그쳤다. 통증에 긁힌 상처처럼 듣기 불편한 세라의 목소리가 현수의 어린 시절로 밀려들어 왔다. 어긋난 시간들 사이로 스며든 목소리가 현수의 몸속에 가득 찬 허기를 건드렸다. 서늘한, 질기고 오래된 공백의 감정이 자신을 가득 채우는 느낌이었다. 스스로 만들어낸 환상인 것을 알면서도 그처럼 아프게 바라보았던 게 이것이었나. 주변의 모든 것에서 무력하게 손을 놓고서, 허기진 유령처럼, 벽 너머에 뿌리를 내리고 사는 자신의 다른 모습이었던가.

"아까 그 친구 있잖아요."

현수가 잠긴 목소리로 말을 꺼냈다. 피곤한 듯 침대머리에 등을 기대고 있던 세라가 감았던 눈을 떴다.

"괜찮다고 그러더라고요. 친부모든 양부모든 그런 게 다 무슨 상관인가 싶대요."

"다행이네… 다행이다."

세라가 말했다. 뭔가 더할 말이 있는 듯 현수를 물끄러미 보던 세라가 배를 덮고 있던 이불을 걷었다.

"퇴원해도 괜찮을 것 같아. 현수랑 이야기하는 게 나한텐 약이 됐나 보다."

세라의 말이 진심같이 들리지는 않았다. 현수는 엉거주춤 자리에서 일어섰다.

"휴대폰이 어디 있나. 김 소장한테 차 갖고 오라고 해야겠다."

세라가 주위를 둘러보았다.

"김 소장님 퇴근하고 바로 온다고 했어요. 오실 때 다 됐으니까, 제가 가서 퇴원수속 하고 올게요."

"그럴래? 내 가방 좀 줘봐. 카드 가져가."

"괜찮아요. 아버지한테 병원비 받은 거 있어요."

현수가 주머니에 손을 넣으며 말했다.

"말도 안 되는 소리. 네 아버지가 왜 내 병원비를 내니."

세라가 말했다.

그러게요. 현수는 머쓱하게 서 있다가 세라가 지갑에서 꺼내주는 카드를 받았다. 경술은 왜 바라지도 않는 사람을 위해 지갑에 든 돈을 있는 대로 털어서 내밀었을까. 낯빛이 하얗게 질린 채 현관까지 따라 나왔던 경술을 생각하자 마음이 좋지 않았다.

"참, 아버지가 고모한테 차를 돌려주래요. 저도 운전에 별로 취미가 없고요."

현수가 말했다. 자신을 낳은 여자에게 냉정해지는 건 마음 아픈 일이지만, 견딜 만했다.

"글고 아프면 진통제 먹어요. 억지로 참고 그러지 마요. 뭐 하러 그래요."

꽃을 뿌리다

"우아, 멋지다!"

차가 정자나무 언덕에 올라서자 너른 들을 가운데 두고 둥그렇게 둘러선 마을이 눈앞에 펼쳐졌다. 이 마을을 처음 오는 사람이라면 마을 전체가 한눈에 들어오는 풍경에 다솜처럼 탄성을 지를 만했다.

"저기 저 파란 지붕이죠? 다른 집보다 높아서 금방 눈에 띄어."

"외할아버지가 흙을 돋워서 집을 앉혔거든요. 지대를 돋우면서 집 앞에 있던 우물자리가 마당 안으로 옮겨졌죠. 파냈던 우물자리는 물웅덩이가 됐고요. 어릴 때 물웅덩이 꿈을 자주 꿨어요."

현수가 이곳 둔내리를 떠날 무렵에 물웅덩이는 메워졌다. 마을어른들이 들에 갔다 오면서 물웅덩이에 농기구를 씻곤 했는데, 트랙터 같은 기계들이 들어오면서 소용이 없어져서일 것이다. 다솜이 집 가까이 차를 세웠다.

"물웅덩이에 빠진 적 있어요? 물에 빠져서 혼나고 나면 그게 막 꿈에 나타나잖아요."

"내가 빠진 건 아니고… 엄마가 빠졌죠."

꿈속에서 등장하는 물웅덩이에 빠져 있던 사람은 복임이었다. 꿈속에서 현수는 학교에서 돌아오는 길이었다.

현수야… 현수야…

현수는 못 들은 척하고 싶었지만 다른 꿈속에서처럼 이번에도 걸음을 멈추었다. 현수야… 복임이 물웅덩이 안에서 현수를 불렀다. 현수는 무릎에 힘을 주고 복임에게 손을 내밀었다. 복임이 단단하고 억센 손으로 현수의 손을 잡았다.

아악!

물웅덩이에서 끌어올려진 복임을 보며 현수는 비명을 질렀다. 현수의 손을 끌어당기며 다가온 건 복임이 아니었다. 괴물이었다. 현수는 흉측하게 일그러진 얼굴을 힘껏 밀쳤다. 괴물은 암녹색 기름처럼 무겁게 번들거리는 물웅덩이 속으로 떨어져 내렸다. 괴물의 모습이 뜯겨나간 복임이 물웅덩이 속에서 두 팔을 내밀며 현수를 불렀다.

현수야… 현수야…

"엄마가 부르는데 무서워서 웅덩이 가까이 갈 수가 없었어요. 도망갈 수도 없었고요. 엄마는 계속 내 이름을 부르고, 마음이 찢어질 것 같았는데… 엄마가 괴물이라는 것을 아니까 손을 내밀기가 무서웠어요."

다솜이 오른손을 내밀어 현수의 손을 꼭 잡았다가 놓았다. 다솜의 손은 깜짝 놀랄 정도로 따뜻했다. 두 사람은 차 안에 나란히 앉아 파란지붕 집과 물웅덩이가 있던 자리를 보았다.

"그만 가죠. 쭉 가다가 저기 길 끝에 대밭 보이죠. 대밭 사이로 산길이 나 있는데 5분 정도는 차로 올라갈 수 있어요."

현수가 마을 어귀에 있는 대나무 숲을 가리키며 말했다.

"집에 들어가 보지도 않고 바로 암자로 가요?"

"빈집인데 뭐하려요."

"빈집이에요?"

"비어 있어요. 백운사에 오는 보살아줌마들이 요사채에 있는 것보다 편하다고 가끔 자고 가기는 한대요."

"백운사는 이름만 들으면 남자 스님이 거주하는 암자 같아요."

"암자 이름은 자생암이고, 백운사는 절 이름이죠. 산길 오르는 길에 보면 백운사 절이 있어요. 대형 절은 아닌데 찾아오는 사람들이 많대요."

복임한테서 들은 정보였다.

백운사에 크고 작은 행사가 있을 때 복임도 공양간 일을 돕거나 절 안내를 하는 봉사를 했다. 작년 여름 초하루 법회였을 것이다. 복임은 백운사에서 점심공양을 하라며 암자에 와 있던 경술과 현수를 내려오게 하고는 종적이 없었다. 경술과 현수는 비빔밥을 한 그릇씩 먹고 나오다가 걸음을 멈췄다. 물탱크 옆에 늘어선 함지박마다 여자들이 한 명씩 붙었는데, 복임은 첫 번째 함지박 앞에 쪼그려 앉아 맹렬히 그릇을 씻고 있었다. 현수가 보기에 복임은 자생암을 떠날 생각이 손톱만큼도 없었다. 죽을 때까지 독거노인으로 사는 게 싫으면 경술이 결국 이 산골짝 암자로 내려와야 할 것이다.

대나무숲에서 오르막이 시작되는 시멘트길은 돌탑 앞에서 두 갈래로 갈라졌다. 오른쪽 시멘트길은 백운사 주차장으로 이어졌고, 암자로 오르는 길은 포장이 돼 있지 않은 산길이었다. 현수와 다솜은 절 주차장 구석에 차를 세워두고 다시 돌탑 있는 데로 걸어 나와서 산길로 들어섰다. 돌탑에서 자생암까지는 느긋이 걷는 걸음으로 15분쯤 걸렸다. 비탈이 가파른 곳에서 현수는 숨 가쁜 소리를 토해내는데, 다솜은 산토끼처럼 가볍게 오르면서 산매화에 정신을 팔았다.

비탈길이 끝나고 암자가 보이는 평지로 들어서자 저만치서 뭉치가 출렁거리며 달려왔다. 뭉치는 현수의 품으로 뛰어들었다가 다솜을 발견하고는 미친 듯이 꼬리를 흔들었다. 리트리버답게 낯선 사람에 대한 경계심이 없었다. 뭉치가 짖는 소리를 들었을 텐데 복임은 인기척이 없었다. 오후 네 시쯤 도착한다고 했으니 집을 비우고 어딜 가지는 않았겠지. 현수는 크고 작은 장독을 바둑판처럼 정렬해놓은 마당을 둘러보았다.

둔내리 외가에서 같이 살다가 현수와 경술이 양명으로 올라올 때 복임은 본채만 있던 암자를 사들였다. 자생암이라고 스스로 이름을 지어 붙인 이곳 암자에서 복임은 11년째 살고 있었다. 절 나들이 말고는 일 년 내내 이곳에 붙박여 산야초로 효소를 거르고 장아찌를 담았다. 이름만 자생암이지, 암자라기보다는 거의 산야초 농장이었다. 장아찌와 효소는 읍내

오일장에 내다판다고 했다. 오일장에 나갈 때마다 소소하게 수입이 있고, 주변에 널린 게 먹을거리라 생활비가 들지 않을 거 같은데 복임은 경술에게 종종 돈을 부쳐달라고 했다. 이번에 현수가 내려온 이유도 집을 담보로 대출을 해달라는 복임의 요구 때문이었다.

"안녕하세요, 현수 오빠 따라 놀러왔어요. 정다솜이라고 합니다."

후박나무와 산수유나무 사이에 서서 다솜이 허리를 숙이며 인사를 했다. 별당 뒤로 나 있는 산길로 발걸음을 했던지 복임이 불룩한 망태기를 어깨에 둘러메고 마당으로 들어섰다.

"저 왔어요."

복임이 목에 둘렀던 수건으로 옷에 묻은 것을 털어내고 나서 말했다.

"잘 왔다. 별일 없지?"

"네, 머……."

별일 없다는 말이 빈말로도 나오지 않았다. 그러기에는 최근 현수에게 일어난 일의 강도와 여파가 너무 셌다.

"골짜기가 돼놔서, 오느라 힘들었죠?"

복임이 다솜에게 물었다.

"차 갖고 온걸요. 차는 백운사 주차장에 세워놨어요."

"절에 차 세웠니?"

복임이 현수에게 눈길을 돌렸다. 비난하는 듯한, 현수가 보고 싶어 하지 않는 눈길이었다. 차를 세워둘 데가 거기밖에

202

없다는 것을 복임이 모를 리 없었다.

　절 뒤 등산로를 타는 사람들 가운데 차를 끌고 오는 사람들은 누구랄 것 없이 절 주차장에 차를 대놓았다. 시외버스터미널에서 택시를 타고 돌탑 갈림길까지 올 때 기사한테서 들은 말이었다. 기사는 주차비를 따로 받을 거라는 소리는 덧붙이지 않았다. 설사 주차비를 받는다 하더라도 조금 전처럼 비난어린 눈길을 현수에게 보낼 것까지는 없었다. 그런 짓을 왜해, 라는 의미를 담고 있는 표정과 눈길은 현수를 대할 때 복임이 저도 모르게 드러내는 습관이었다.

　"어머니, 여기 사진 찍어도 되죠?"

　다솜이 생글거리며 큼직한 사진기를 들어 보였다.

　"뭘 찍을 게 있나."

　복임이 중얼거리며 장독간을 둘러보고는 부엌으로 들어갔다.

　현수와 다솜은 방 두 개가 나란히 붙은 별당에서 각자 마음에 드는 방을 골라 가방을 던져놓았다. 다솜은 가방을 던져놓고는 나무 울타리로 갔다. 목련 꽃 좀 봐요. 다솜이 가지마다 하얀 등을 매달아놓은 듯한 목련나무 앞에서 현수에게 손을 흔들었다. 현수는 차를 타고 오느라 피곤해진 몸을 방바닥에 철퍼덕 뉘고 싶었지만, 끙 소리를 내며 일어났다.

　"저쪽으로 가요, 숲이 너무 예뻐."

　근처에 너무 예쁜 숲 같은 건 절대로 없을 텐데 다솜은 아까 복임이 내려왔던 별당 뒷길로 올라갔다. 현수는 하릴없이 다솜 뒤를 쫓았다. 같이 가자며 달려온 뭉치가 비탈을 따라 올라오다가 컹 소리를 내고는 도로 내려갔다. 야생초를 채집한다며 복임이 오르내리기는 해도 인적이 드문 산길은 잡목 가지가 멋대로 뻗쳐 있었다. 역시나 걷기가 여간 성가시지 않았다.

앗!

발목에 얽힌 덤불을 거둬내고 다솜의 뒤를 급하게 따라붙던 현수가 비명을 질렀다. 다솜이 돌아보며 물었다.

"어디 다쳤어요?"

"아냐, 괜찮아."

현수는 볼을 문지르던 손을 뗐다. 앞서가던 다솜의 옷에 걸린 가지가 뒤로 튕기면서 현수의 얼굴을 때렸던 것인데, 조금만 위에 맞았으면 눈이 아작날 뻔했다.

"저기 머위가 떼로 있어. 우리 저리로 내려가요."

현수는 다솜이 내려가는 쪽으로 발걸음을 재촉했다. 머위 떼가 올라와 있는 비탈을 타고 조금 내려가자 물소리가 들렸다. 해마다 한두 번은 이곳 암자에 왔지만 바윗돌 새로 물이 흐르는 계곡으로는 발걸음을 안 했다. 우물 안처럼 으스스한 계곡의 기운에 현수는 비탈을 도로 올라가고 싶었다. 다솜은 계곡 밑으로 씩씩하게 내려갔다. 현수는 한숨을 쉬고 주춤주춤 걸음을 내디뎠다. 그런데 막상 계곡의 바윗돌 위에 서자 으스스한 느낌이 사라졌다. 청정한 물 냄새와 울울한 나무 숲 냄새가 어우러져서 내뿜는 서늘한 기운이 싫지 않았다.

"여긴 산속이라 금방 해가 지나 봐."

바위 위를 옮겨 다니며 물소리를 듣다 보니 주변이 금세 어둑해졌다. 두 사람은 풀이 누운 길을 밟아 올랐다. 오르다 보니 길이 암자의 채마밭으로 이어졌다. 저녁을 준비하느라 부엌에 있던 복임이 양손 가득 푸성귀를 쥔 다솜을 보고 희미하게 웃었다.

"정말 맛있어요. 뭔데 이렇게 맛있어요?"

저녁밥상에 오른 반찬을 이것저것 맛보며 다솜이 여러 번 탄복했다. 약간 오버한다는 느낌이 없지 않았지만 현수는 다솜의 호들갑스러운 찬사 뒤에 퍼질러 앉아 다른 때보다 마음이 편했다.

"현수는 녹즙부터 마시고 밥 먹어라."

복임이 도톰한 도자기잔을 내밀었다. 현수는 도자기잔에 담긴 걸쭉한 액체를 꿀떡꿀떡 마셨다. 맛은 없었다. 현수가 인상을 찡그리자 다솜도 같이 인상을 찡그리며 복임에게 물었다.

"현수 오빠한테는 녹즙이 좋아요?"

"뚱뚱한 체질에는 녹즙이 맞아요. 다이어트도 되고."

현수가 얼굴을 붉혔다.

"집으로 보내준 거, 믹서기 갈아서 먹고 있니?"

갑자기 화살이 현수에게 날아왔다.

"먹어요."

머리 위로 화살이 날아가게 고개를 숙인 채 현수는 밥그릇에 산마늘 장아찌와 더덕고추장 장아찌를 듬뿍 얹었다. 밥 먹

는 건 어지간히 빼닮았구나. 복임이 중얼거렸다. 경술과 현수
가 반찬을 이것저것 밥그릇 위에 올려놓고 먹는 버릇을 두고
하는 말이었다.

저녁을 먹고 나서 현수는 별당에 놔둔 가방에서 위임장을
꺼내 왔다.

"용도란에 내용을 직접 쓰시고 사인하면 돼요."

위임장 서류를 펼쳐 생강차 옆에 놓으며 현수가 말했다. 다
솜은 복임의 만류에도 시골부엌 체험이 중요하다며 설거지를
하는 중이었다.

"인감증명서는 떼놨어. 다른 건 또 뭐가 필요하다던?"

"혹시 모르니 주민증 사본도 갖고 오래요."

현수가 받아 가려는 위임장은 철공소가 있는 3층짜리 건물
을 담보로 은행에서 대출을 받기 위한 거였다. 경술은 투덜대
면서도 복임이 달라는 대로 돈을 부쳐주었는데, 이번에 위임
장을 보내면서는 속이 타는 눈치였다.

"밭을 더 사면 혼자서 관리가 돼요?"

현수가 물었다.

"바쁠 때는 보살님들이 와서 도와줘. 왜, 너는 내가 밭 사는
게 싫으냐?"

복임이 물었다.

"아버지가 요즘 돈 때문에 스트레스를 받는 거 같아서
요……."

"이젠 부적도 좀 쓰시라고 그러렴."

복임이 말했다.

"아버지, 부적 안 쓰는 거 아시잖아요."

철학원이 사실상 부적 장사인데 경술은 11년 전 철학원을 열고 지금까지 한 번도 부적을 쓰지 않았다. 일부러 부탁을 하는 손님한테도 플라시보 효과에 불과하다며 말을 잘랐다. 부적만 쓰지 않는 게 아니라 찾아오는 손님도 하루에 두세 명만 받았다. 예약이 들어와도 받지 않았다. 두세 명 보고 나면 기가 빨려서 뒤에 오는 사람의 명식을 제대로 짚지 못한다는 거였다.

"그래, 늘 혼자 양심적이지."

복임이 말했다. 자신의 어조에서 배어나는 빈정거림을, 비난의 기색을 복임은 모를 것이다. 외가로 들어가 같이 살 때도 언성을 높이지 않는 복임의 말투에는 자주 비난의 기운이 어렸다. 그 기운을 감지하는 건 세 식구 중에 현수뿐인 것 같았다. 옆에서 누가 뭐라고 하건 경술은 한자가 빼곡히 적힌 노트에 코를 박고 한두 달을 지내다 어디론가 휑하니 가버리곤 했다. 경술이 출판사를 그만두고 사주명리 공부를 시작한 건 현수가 열 살을 막 넘겼을 때였다. 복임이 비어 있던 외갓집으로 떠난 것도 그 무렵이었다. 명수 형이 죽고 집안이 무섭게 조용했던 그 무렵.

"네 아버지가 부쳐주는 돈은 써야 할 데 썼다. 저 별당도 달아내 지었고, 영가등도 달고…….."

"네, 알아요."

"스님이 해마다 경전 독경을 해주셨잖니. 그게 망자한테 그렇게 좋다는구나."

복임은 명수의 위패를 백운사에 안치해놓고 기일이 되면 경술과 현수를 불렀다. 명수를 위해 원불을 봉안하고 시주를 하면서 복임이 무슨 생각을 하는지 현수는 알고 싶지 않았다. 죽어야 할 아이가 살고 살아야 할 아이가 죽었다는 사실을 바꿔놓을 수 없는 한 복임의 기도는 바뀌지 않을 것이다.

"자식 제사를 맡겨놨는데… 아버지가 돼서 비용을 마련해야지."

말을 마쳤다 싶으면 잠시 후에 다시 잇고, 생각에 잠긴 듯 잠자코 있다 다시 입을 여는 게 복임이 말하는 방식이었다.

"가서 일찍 자거라. 내일 청년회 주관으로 정진 스님을 뫼시고 산화 예불을 드린다는구나. 아침 차려놓을 테니 먹고 법당으로 내려와."

"법당에요?"

현수가 뜨악한 표정으로 복임을 보았다.

"아, 저희 내일 아침에 일찍⋯⋯."

현수가 말하는 중간에 다솜이 물기 묻은 손으로 들어오며 외쳤다.

"저도 갈래요. 저도 가도 되죠?"

"그럼, 되지."

대답하는 복임의 얼굴에 미소가 비쳤다. 현수는 자신이 아들이 아니고 딸이었으면 좋았을 거라는 생각을 잠깐 했다.

*

    기다란 용마루의 청기와지붕 위로 봄 햇살이 반짝반짝 빛을 내며 떨어지고 있었다. 청기와건물이 법당이고, 마당 맞은편에 있는 게 종무소였다. 휴대폰으로 시간을 확인하고 현수와 다솜은 걸음을 재촉했다. 큰 마당으로 들어서자 템플스테이 복장을 한 열댓 명의 사람들이 법당을 향해 달리다시피 줄지어 걸어가는 게 보였다. 현수는 흠칫 어깨를 떨었다.

"왜요?"

다솜이 카메라에서 눈을 떼고 물었다.

"예전에 발우공양 했던 게 생각나서."

    비위라면 누구 못잖다고 자신하는 현수지만, 발우공양 설거지한 물은 강적이었다. 발우공양에서는 밥그릇을 혀로 핥았나 싶을 정도로 깨끗이 먹어치운 뒤 할당된 물로 자기가 먹은 그릇을 헹궜다. 커다란 찜통 같은 데 그릇 헹군 물을 모았는데 고춧가루 하나가 물속에 동동 떴다는 이유로 팀원들이 돌아가며 찜통 물을 다 마셔야 했다. 복임이 강요해서 참가했던 그 발우공양 체험은 다시 떠올리기도 싫은 기억이었다.

    현수와 다솜은 계단을 나란히 올라갔다. 법당 안에는 서른 명쯤 되는 사람들이 줄을 맞춰 앉아 있는 가운데 경 읽는 소리가 굵직하게 흘렀다. 분위기가 엄숙하고 무거웠다. 잠깐 들여다본 것만으로도 숨이 막혔다. 현수는 댓돌에 올렸던 발을 도로 내렸다.

"현수 오빠, 빨랑 와요."

다솜이 법당 마루에 올라서며 빨리 오라는 손짓을 했다.

목탁을 잡고 경을 외는 스님은 사람들에게 뒷모습을 보인
채 불단을 향해 앉아 있었다. 어제 복임이 말한 정진 스님인
듯했다. 40대 중반쯤 돼 보였는데, 목탁 두드리는 소리가 힘
찼다. 현수는 다솜과 함께 문 곁에 서서 눈치를 보다가 구석
에 쌓아놓은 방석을 하나씩 들고 맨 뒷줄로 가서 앉았다.

현수와 다솜이 자리를 잡고 앉은 뒤에도 정진 스님은 한참
을 뒷모습만 보인 채 경을 읽어나갔다. 한 대목이 끝나는 지
점마다 목탁을 탁탁탁탁 두드렸다. 분위기는 계속 엄숙하고
무거웠고, 경은 지루하게 이어졌다. 하품을 참으며 다솜을 돌
아보던 현수는 웃음을 뿜을 뻔했다. 마룻바닥에 닿을 정도로
유연하게 몸을 휜 자세로 졸고 있던 다솜이 눈을 게슴츠레 떴
다. 어디에 있는지도 잊은 듯 현수를 잠시 보는가 싶더니 또
다시 졸기 시작했다.

탁! 탁! 탁!

목탁소리가 갑자기 크게 울렸다. 거북이처럼 묵직하게 앉
았던 사람들이 등을 펴며 자세를 추슬렀다. 붉은 장삼자락을
펄럭이며 일어선 스님이 옷매무새를 가다듬고 사람들을 향해
돌아섰다.

"부처님 앞에 꽃을 바치고, 또 오늘 여기 오신 거사님들 보
살님들 앞에 꽃을 바치는 예불을 드립니다. 꽃을 받는 보리살

타의 마음으로 보례진언을 합니다."

뭐래. 현수와 다솜은 멀뚱하게 앉아 서로 눈짓으로 물었다.

"일어서란 거네요."

다솜이 사람들을 둘러보고는 현수에게 속삭였다.

줄을 맞춰 앉았던 사람들이 일어서면서 굳은 몸을 펴느라 끙, 어쿠쿠 하는 소리가 여기저기서 들렸다. 소란이 가라앉자 스님이 불상을 향해 다시 돌아섰다.

탁! 똑, 또도도⋯

아까와 달리 이번엔 강약으로 리드미컬하게 목탁을 때리고 나서 경을 시작했다.

아금일신중 즉현무진신 변재삼보전 일일무수례.

낭창낭창 늘어지는 스님의 독경에 이어 사람들이 웅얼웅얼 경을 외기 시작했다.

옴 바아라 믹 옴 바아라 믹 옴 바아라 믹.

옴 바아라 믹을 세 번 외고는 다들 엉덩이를 뒤로 빼면서 허리를 굽혀 절을 시작했다. 아, 싫은데⋯ 현수는 법당 마룻바닥에 이마를 붙이며 투덜거렸다. 다솜은 앞사람 옆 사람 절을 유심히 보면서 열심히 따라 했다. 예불 의식이 재미있는 모양이었다.

예불은 경을 외고, 절을 하고, 다시 경을 외는 식으로 길게 이어졌다. 절과 경이 반복되면서 입 다물고 절을 할 때도 경을 외는 소리가 웅웅 울리는 것 같았다. 법당 안을 흘러다니는 웅웅 소리가 멀어지고, 머릿속이 빈 동굴처럼 휑해진다. 뭐

가 보이냐. 누군가 현수에게 말을 건다. 뭐가 보이냐. 현수는
대답한다. 구슬이요. 구슬이 보여요. 검푸른 달처럼 눈앞에 커
다랗게 다가온 구슬 안으로 제 어린 몸이 빠져들어 가는 것을
보면서 현수는 말한다.

"이 안에 다이아몬드별이랑 하늘이랑 나무랑 다 있어. 집도
보이고… 저기 골목이 있어."

잠들기 전 형광등에 비춰 보는 구슬 안은 짙고 연한 푸른빛
들로 가득하다. 푸른빛의 물결들 사이에서 골목이 일렁인다.
골목 안으로 자전거가 달려간다. 자전거를 타고 달리는 명수
는 골목 끝으로 점점 멀어진다. 현수는 명수를 부르며 골목을
달려간다. 골목 끝에서 찻길이 괴물처럼 아가리를 벌린다. 끼
이익! 날카로운 소리에 검푸른 빛의 물결이 찢기고, 명수가 구
슬 밖으로 튕겨나간다. 명수 형은 부서진 채 눈을 크게 뜨고
현수를 본다. 눈길이 하얘진 복임이 현수를 본다. 현수는 운다.
아아아아 소리를 내어 운다. 복임은 왜 명수가 아닌 현수가 자
기 눈앞에 있는지 의아하다. 현수는 입을 다문다. 복임의 눈길
은 견딜 수 없이 아픈 것이어서 현수는 자신을 지운다. 슬픔과
원망을 품은 아이를 둘둘 말아서 뱃속으로 삼킨다.

딱! 딱! 딱!

목탁 소리가 들린다.

딱! 딱! 딱!

졸음과 명상 사이에 마음을 내려놓고 푹 가라앉은 사람들
을 깨우려는 듯 정진 스님이 목탁을 세게 쳤다. 현수는 잠에

서 깼다. 정진 스님 얼굴에 미소가 감돌았다. 앞에 놓인 큰 항아리로 다가간 스님이 허리를 굽히고 안을 들여다보았다. 항아리에는 연분홍 진분홍 진달래 꽃잎이 소복이 담겨 있다. 다솜이 현수에게 속삭였다

"저 많은 꽃잎을 꽃봉오리에서 손으로 하나하나 따서 모았나 봐요."

복임이 하는 절 봉사활동이라는 게 저런 일이었다. 대중법회가 있을 때 점심공양 준비를 돕고 설거지를 하고, 메주를 쑤고, 절에서 먹을 간장 된장을 담고… 몇 달 만에 만난 경술과 현수에게 복임은 굳이 자신의 일상을 미주알고주알 늘어놓았다. 말을 늘어놓을수록 복임은 경술과 현수에게서 멀어졌다.

항아리에서 두 손 가득 꽃잎을 덜어낸 정진 스님이 불단 앞으로 갔다. 불단 주위로 원을 그리듯 걸음을 옮기며 손에 쥔 꽃잎들을 흘렸다. 꽃잎에 영험한 기운이 서려 있기라도 한 듯 사람들은 숨을 죽인 채 스님이 하는 행동을 지켜보았다. 다시 항아리로 돌아온 정진 스님이 양손 가득 꽃을 퍼 담았다. 현수가 보기에 집단최면을 건 듯이 진행되는 산화예불은 제법 그럴싸한 쇼 같았다.

"성불하십시오!"

합장을 하듯 앞으로 고개를 숙이는가 싶던 스님이 양팔을 획 뻗었다. 와아, 탄성이 튀어 올랐다. 팝콘이 터지듯 공중으로 날아오른 꽃잎들이 사람들 머리 위로 흩뿌려졌다. 쇼에 필

요한 극적 연출이었다. 정진 스님이 설법을 시작했다.

"보살님들 거사님들 살면서 마음이 힘들 때가 많으실 겁니다. 그런데 왜 이렇게 마음이 힘들까요. 그걸 알고 싶으면 힘든 마음을 가만히 들여다보세요. 거기 뭐가 보이나요? 억울한 마음이 보이지요. 원망이 보이지요. 이런 마음은 쉽게 가라앉지 않습니다. 나를 이렇게 만든 상대에 대해서 자꾸 화가 납니다. 분노가 일어납니다. 그래서 사는 게 힘든 겁니다. 상대를 이해하려 해도 자꾸 장애에 부딪치고 애를 먹습니다. 나를 괴롭히는 건 상대가 아니라 나 자신입니다. 그러면 어떻게 해야 되겠습니까. 상대를 보지 말고 자신을 돌아보세요. 스스로를 괴롭히는 자신을 마음껏 나무라고, 그러고는 용서하세요. 용서하면 마음이 편해집니다. 내 마음이 편해야 다른 사람을 이해하고 용서하고 자비를 베풀 수 있습니다."

경을 외듯 길게 늘어놓은 설법을 요약하면 대강 이랬다. 고리타분하긴 한데 나름 들을 만한 내용이었다. 줄지어 앉은 사람들한테서 코를 훌쩍이는 소리가 들리고 일순 순연한 감동 같은 게 법당의 공기 속을 흘렀다.

사람들을 흐뭇이 둘러보던 정진 스님이 맨 앞줄에 앉은 사람에게 눈짓을 했다. 템플스테이 복장을 한 세 사람이 큼직한 바구니를 들고 나가 항아리의 꽃잎을 퍼 담았다. 다솜은 스님의 설법에 별 감흥이 없는지 아까부터 눈길이 꽃잎 항아리에 가 있었다.

"뿌리겠죠? 사진 찍으면 너무 이쁠 것 같아."

다솜이 눈을 반짝이며 말했다.

하나, 둘, 셋!

템플스테이 복장을 한 세 명이 입을 모아 나지막하게 외치고는 동시에 손을 뻗었다. 법당이 온통 꽃잎 천지가 되는 걸 보면서 사람들이 소리를 질렀다. 사람들의 리액션에 용기를 얻은 듯 템플스테이 세 명이 각자 사람들 사이로 걸어 들어와 꽃잎을 휘휘 뿌렸다. 사람들 머리 위로 어깨 위로 꽃잎이 떨어졌다. 현수와 다솜은 두 손을 내밀어 떨어져 내리는 꽃잎을 받았다. 다솜이 소리를 내어 웃었다. 현수는 다솜을 보며 웃었다. 웃던 현수는 갑자기 코끝이 찡해졌다. 다솜과 같이 떨어지는 꽃잎을 받으며 웃고 있는 지금 현수는 행복했다.

꽃잎을 뿌리는 것은 우리 자신을 용서하려는 마음의 기도입니다.

정진 스님이 설법 속에서 던진 말 한마디가 뒤늦게 현수의 마음에 와닿았다.

현수는 살아오면서 용서라는 게 가능하다고 생각지 않았다. 현수에게 용서는 인간의 영역이 아니라, 존재하는지 안 하는지 알 수 없는 신의 영역이었다. 용서할 마음이 없었던 게 아니라 용서할 수도 있다는 것을 알지 못했다. 세라가 스스로 유폐된 우물에서 빠져나올 생각을 못 했듯 현수는 자신의 마음속에서 빠져나오지 못했던 것이다.

용서는 심장에서 시작되는 동심원 같아서, 자신을 용서하지 않으면 다른 사람도 용서할 수가 없었다. 통증의 고통을 감내

하는 것. 산야초를 거두어 효소를 내리며 노동 속으로 들어가는 것. 아끼는 사람을 위해 긴 세월 연정의 거리를 지키는 것. 어떤 희망도 욕망도 포기한 채 스스로의 존재를 지워온 것. 이 모든 게 실은 자기 자신을 용서하려는 뼈아픈 기도였던지도 모른다. 그 기도의 시간들이야말로 꽃 진 자리를 밟아가는 보리살타의 바람 같은 게 아니었을까, 그런 생각이 안개 속에서 드러난 얼음꽃처럼 현수의 이마를 쳤다.

"움맘마. 징상시럽게 이쁜 것을 본께 겁나게 좋아부러요."

아줌마 보살의 걸쭉한 덕담이 공중으로 날아올랐다. 사람들이 와그르르 웃음을 터트렸다.

"징허게 이쁜 꽃을 먹어도 되고, 밟아도 되고, 뒹굴어도 됩니다. 그렇게 꽃을 받으시면 되는 거지요."

합장하고 서 있던 정진 스님이 마무리 멘트를 남긴 뒤 법당을 나갔다.

스님이 나가자마자 너도나도 휴대폰을 꺼내 들었다. 꽃이 진 자리를 즈려밟는 보리살타보다 법당마루를 뒤덮은 꽃잎 컷을 잡을 욕심에 사방이 소란스러워졌다. 경쟁하듯 찰칵거리는 소리 속에서 다솜도 연자줏빛 꽃잎이 깔린 바닥 위로 카메라를 갖다 댔다. 방금 찍은 사진을 확인하는 다솜의 진지한 눈빛과 동그랗게 튀어나온 이마를 보며 현수가 싱긋이 웃었다. 사진 좋은데? 현수가 카메라 액정에서 눈을 떼며 엄지를 세웠다. 입을 헤 벌린 채 '엄지 척'을 하고 있는 현수의 모습이 다솜의 카메라에 찰칵 담겼다.

*

　"여긴 나 혼자 해도 돼요. 오빠는 먼저 가서 어머니랑 얘기 좀 해."

　현수가 뭉그적거리자 다솜이 등을 떼밀고는 법당 안으로 들어갔다. 벌써 청소를 시작한 사람들이 꽃잎을 쓰레받기에 쓸어 담고 있었다. 현수는 댓돌에 수북이 놓인 신발들 속에서 다솜의 스니커즈를 찾아 한쪽에 치워놓고, 축대에 넘어져 있는 제 신발을 꿰신었다.

　복임이 종무소 옆 마루에 앉아 현수를 기다리고 있었다. 점심공양을 하러 내려오라는 문자에 현수가 양명 집으로 바로 올라가겠다고 답을 보내자 그렇다면 종무소에서 기다린다고 다시 문자를 보내 왔다. 현수는 법당 마당을 가로질러 걸어갔다. 복임에게 갔다 오라는 경술의 심부름에 군말을 달지 않았던 건 속에 꿍쳐둔 질문이 있어서였다. 복임이 받을 충격을 생각하면 마음이 좋지 않았다.

　"다솜이는?"

　"청소하고 온대요."

　"성격이 사근사근하더구나. 사귄 지는 오래됐니?"

　"그냥 저 혼자 좋아하는 건데요, 뭐."

　현수는 머쓱해하며 말했다. 복임이 현수 얼굴 가까이 손을 들어 올렸다. 현수가 몸을 뒤로 젖혔다.

"이마에……."

복임이 현수의 이마와 머리에 달라붙어 있는 꽃잎을 떼내 손바닥에 놓고서 가만히 들여다보았다. 복임의 표정은 할 말을 공글리는 사람처럼 복잡했다. 현수는 복임이 먼저 말을 꺼내길 기다리며 마루 아래 핀 꽃무릇에 눈길을 주었다. 꽃무릇은 배롱나무가 서 있는 울타리까지 이어지며 뜨문뜨문 피어 있었다. 현수는 배롱나무를 보다가 법당 마당을 휘 둘러보다가 다시 복임을 보았다. 복임은 꽃잎을 감싸듯 마주 잡은 양손에 눈길을 떨어트린 채 앉아 있었다. 현수는 그냥 돌아가기로 마음먹었다.

"강세라 씨가 찾아왔다며? …네 아버지한테서 들었다."

복임이 말했다. 그냥 돌아가기로 마음먹으면서 놓아버린 말들이 현수의 머릿속에서 두서없이 얽혔다. 복임은 무연한 눈빛으로 현수를 보았다.

"많이 놀랐겠구나."

복임이 중얼거렸다. 잘 모르겠어요. 현수도 중얼거렸다. 놀랐던가. 놀라지 않는 자신에게 놀랐던가.

"그냥, 그랬어요."

현수가 말했다. 찰랑, 마음에 괴어드는 어떤 소리를 현수는 들었다.

"저, 알고 있었어요. 그냥 알아졌어요."

오래전 자신을 바라보는 복임의 텅 빈 눈길을 마주할 때면, 지금처럼 찰랑거리며 마음에 괴어오던 슬픔에 대해 고백하고 싶었더랬다. 현수는 그러나 복임이 낯설었다. 현수의 슬픔을 삼켜 없애는 복임의 슬픔이 버거웠다.

"그래, 내가 모자랐지. 애들 눈치가 빤한데……. 그랬어, 내가."

복임이 말을 하다가 끊으면, 말과 말 사이에 생기는 침묵 앞에서 현수는 불안했다. 말과 말 사이의 틈, 그 틈 속으로 사라진 말이 불안했다. 말을 줄이고 말을 삼키는 복임의 침묵 속에서 떠돌게 될 말들이 불안했다.

경술이 양명 집으로 돌아가면서 현수를 둔내리에 두고 갔다면, 현수는 스스로를 지우는 대신 복임의 침묵을 지웠을 것이다. 말과 말 사이의 침묵을 지우고, 현수를 건너뛰듯 황황히 지나가는 서늘한 눈길을 지웠을 것이다. 현수는 자신이 무슨 생각을 하는지 알았다. 며칠씩 현수는 방에 틀어박혀 밖으로 한 발짝도 나오지 않았다. 히키코모리처럼 구는 현수의 행동을 경술은 10년 주기로 바뀌는 대운 탓이라 여겼다. 웬만큼 이해를 해주는 편이었으나 경술과도 마주치고 싶지 않아서 현수는 한밤중에만 살금살금 방을 나와 주방 냉장고를 뒤졌다. 손에 잡히는 것들을 방으로 가져와 입속에 꾸역꾸역 쑤셔 넣었다. 살아 있는 한 자신을 용서하지 않을 거라고 결심하고서 현수는 묵중한 몸을 끌고 방에서 나왔다.

"너를 보면… 명수가 떠올라서 견딜 수가 없더라. 지금도… 순간순간 생각이 나. 하루도 생각이 안 날 때가 없어."

말을 더듬거리며 복임이 손을 쥐어짜듯 비볐다. 현수가 불쑥 복임의 손을 잡아서 폈다. 손가락이 기역자로 구부러진 세라의 손과 달리 복임의 손은 단단하고 곧고 두꺼웠다.

"왜 그러니?"

현수에게 손을 잡힌 채 복임이 어리둥절한 표정으로 물었다.

"저를 왜 받아들였어요?"

현수의 물음을 생각하듯 눈을 깜박이던 복임이 고개를 내저었다. 할 말이 없는 게 아니라 할 엄두가 나지 않는다는 듯 계속해서 고개를 저었다.

"도로 데려가라고 하지 그랬어요. 그런다고 누가 욕할 사람도 없었잖아요."

복임이 현수를 돌아보았다. 공허한 눈빛이었다. 인생에 구멍이 난 사람처럼 복임의 눈빛은 막막했다. 아무것도 읽을 수 없었다. 말과 말 사이의 침묵 속에는 아무것도 없었던 거다. 복임의 침묵은 슬픔이 민낯을 숨기는 텅 빈 구멍이었다. 명수의 죽음으로 찾아온 슬픔과 불운의 무게에 복임은 숨이 가빴을 뿐이다. 법당 마당에 눈길을 두고서 복임이 입을 열었다.

"김 교수 부부가 너를 데리고 우리 집에 도로 왔더라. 도저히 안 되겠다면서 네 장난감이며 옷이며 다 싸 들고 왔더구나. 그날 네가 아버지한테 뒤뚱뒤뚱 달려가서 안기더라. 나는 넋이 나가 있는데… 네 아버지라는 사람이 그러데. 세라가 저 애 보내놓고 다 죽어가다가 이제 겨우 제정신을 차렸다고… 아이를 돌려주는 건 세라를 두 번 죽이는 일이라고……. 내가 바보 천치였지. 남편이 딴 여자한테 혼을 빼놓은 줄도 모르는······."

복임이 말을 하다 말고 갑자기 조용해졌다. 복임의 허깨비 같은 표정 위로 병색이 짙은 세라의 얼굴이 겹쳐졌다. 병원 창 밖으로 휘어진 매화 가지를 바라보던 세라 역시 배터리가 나간 스마트폰처럼 불시에 조용해지곤 했다.

"내가 키우자고 했다."

복임이 말했다.

"네 아버지, 입양 자리 알아본답시고 몇 며칠 밖으로만 돌더라. 애는 나한테 던져놓고······. 지금 생각해도 희한하지. 사람 마음이 어찌 그렇게 기울던지··· 내가··· 네 아버지한테 그랬어. 이 아이는 내가 키운다고, 어디다 내려놓을 데도 없는 애··· 나한테 왔으니, 내가 키울 거라고 했다."

"끝까지 싫다고 하시지 그랬어요. 그랬으면 저 때문에 마음 아픈 일도 없었을 거잖아요."

현수가 떨리는 목소리로 떼를 쓰듯 말했다.

"자식 키우면서 마음 아프지 않은 부모가 어디 있다던. 내 품에 기어든 자식, 먹이고 입히고 하다 보면 밉기도 하고 예쁘기도 하고··· 자식이란 게 그런 거지. 자식은 다 똑같아. 그때도 그랬고 지금도······."

현수는 아무 말도 할 수 없었다. 뜨거운 것을 삼킨 듯 목울대가 저절로 오르내렸다.

"김 교수한테 연락을 했다. 강세라한테 줬다던 2천만 원을 돌려주고, 애를 다시 데려가느니 마느니 딴소리 하지 말라고 했다. 이 아이는 지금부터 내 새끼라고 못을 박았어."

*

종무소에서 주차장 쪽으로 가려면 마당을 가로질러 법당
뒤로 돌아가야 했다. 다솜이 마당 중간쯤 왔을 때 뒤를 돌아
보며 말했다.

"서운하신가 봐요. 아직 서 계셔."

현수도 뒤를 돌아보았다. 복임이 어서 가라고 손짓을 했다.

"근데 왜 나한테 전화를 꼭 해달라고 하셨을까. 무슨 일인지
오빠 짐작 안 가?"

"어, 글쎄."

현수도 궁금했다.

복임은 법당 청소를 마치고 종무소로 달려온 다솜을 반갑
게 맞았다. 복임의 옆자리를 다솜에게 양보하고 현수는 그 옆
에 서서 얼쩡거렸다. 예불이 재미있고 신기하더라는 말에 복
임이 다솜의 손을 토닥였다. 나이가 몇이냐. 부모님이 딸을 예
쁘게 잘 키웠네. 양명 가거든 한 번 전화를 다오. 며느리를 대
하듯 곰살맞게 구는 복임을 보자 현수는 마음이 간질간질하
면서 흐뭇했다.

"엄마."

두 여자 곁에 어정쩡하게 서 있던 현수가 문득 복임을 불렀
다. 아까부터 자꾸 간질거리는 마음을 긁어버리듯 부른 말이

긴 한데, 평소 엄마라고 부르는 습관이 안 돼서인지 어색했다.
복임이 고개를 들어 현수를 보았다. 왜 불렀는지 묻는 눈길에
현수가 머리를 긁적였다.

"그냥, 한번 불러보고 싶었어요."

얼버무리는 현수를 바라보던 복임이 입안에 뭔가 가득 물
고 있는 사람처럼 볼을 부풀렸다. 현수가 웃었다. 어릴 적 수
수께끼 놀이를 할 때 복임은 정답을 입안에 감춰놓은 것처럼
볼을 부풀리고서 딴청을 부리곤 했다.

"아참, 아까 그 이야기요. 엄마하고 저하고 비밀로 해요."

복임이 볼을 부풀린 채 현수를 보고 있다가 잠자코 고개를
끄덕였다.

"제가 알고 있다는 거, 아버지는 몰랐으면 좋겠어요. 꼭이
요."

"그래, 그러자."

복임이 말했다.

"우리 현수, 이제 정말 어른이 됐구나."

현수는 법당 마당을 가로질러 걸으면서 복임의 얼굴에 번
지던 미소를 떠올렸다. 왠지 소리 내어 웃고 싶은 기분이었다.

"아까부터 웃는 거 보니 수상해. 혹시 아까 어머니한테 내
얘기 했어요?"

옆에서 힐긋거리던 다솜이 무슨 생각을 했는지 약간 부끄
러워하며 물었다.

"글쎄, 나는 우리 엄마가 다솜 씨를 엄청 잘 본 이유가 궁금

한데."

능청스럽게 대답하는 현수를 다솜이 흘겨보았다.

"칫, 말하기 싫음 하지 마."

다솜이 삐친 척 현수를 뒤로 하고 앞장서 걸어갔다. 엉덩이를 빼딱거리며 걸어가는 모습이 귀여웠다. 어느 날 문득 눈앞에 나타난 나비처럼 다솜은 현수에게 날아와 봄볕처럼 스며들고 있었다. 다솜의 머리에 떨어질 듯 말 듯 팔랑거리며 앉은 꽃잎을 보는 순간, 어떤 생각이 반짝 마음속에 돋아났다.

생에서 돌이킬 수 없이 어긋난 것은 어긋난 대로 둘 것.

어긋난 것은 어긋난 대로 자기 궤도를 따라 흐를 것이다. 햇살 속에서 보이지 않는 미세먼지처럼 세라와 찬우로 인해 돋아난 불안은 여전히 마음에 괴어 있지만, 그 모든 것을 떨쳐내려 안간힘을 쓸 필요는 없었다. 자기 궤도를 따라 흐르는 것들은 구슬 속에서 출렁이던 푸른빛의 물결처럼 어딘가로 흘러가거나, 혹은 어딘가에서 만나고 섞이는 지점이 있을 것이다. 현수는 그렇게 믿기로 했다.

"어머니, 우리 가는 거 다 보고 가시려나 봐요."

계단 위에 올라선 다솜이 이마에 손가리개를 하고 말했다. 현수는 식식거리며 계단을 두 개씩 뛰어올랐다. 법당 마당 건너 배롱나무 앞에 복임이 서 있었다. 배롱나무 가지가 뻗쳐 있어서 마치 복임이 두 사람을 향해 팔을 뻗어 흔드는 것처럼 보였다.

뭐가 문제인지 모르겠어요?

배수관을 점검한 수리업체 기사는 그럴 줄 알았다는 듯 고개를 끄덕였다. 수도관 뒤의 밸브를 원상태로 돌리고는 현수의 뒤를 가리켰다.

"저기 물기 밴 거 보이죠? 주관과 연결된 배수관이 손상돼서 그래요. 배수관 양옆으로 온수 냉수 수도관이 지나가는데, 잘못 건드리면 끝장이죠."

"그럼 벽을 부숴야 돼요?"

세면대 오른쪽 벽을 보며 현수가 물었다. 저 벽 속을 지나가는 배수관만 수리하면, 누수문제가 해결될는지 미심쩍었다. 며칠간 지하실 청소를 한답시고 들락거리면서도 타일 틈새 시멘트가 축축한 것은 발견하지 못했다. 미처 보지 못한 곳이 저 타일 틈새만은 아닐 것이다.

"부수고 새로 넣는 게 제일 확실하죠. 노트북도 버벅거릴 때는 싹 밀고 새로 깔잖아요."

맞는 말이다. 노트북을 사용하다 보면 바이러스가 걸린다거나 용량이 가득 찼다거나 하는 이유로 포맷을 해야 하는 순간이 온다. 그럴 땐 미련 없이 포맷을 해서 초기화하는 게 현명한 유저의 길이다. 세상만사가 다 그렇다.

"그럼 얼마쯤 들까요?"

문제는 돈이다. 현수는 심각한 눈빛으로 기사를 보았다.

"비용 문제가 걸리시면, 세면대 아래쪽으로 배수관을 넣는 방법도 있어요. 당근 저쪽은 폐쇄하고요. 오줌보 차는데 방법이 없으면 옆구리로라도 빼내야죠. 어떻게 하실지 결정되면 연락 주십쇼."

기사가 윗도리 주머니에서 명함을 꺼내 현수에게 건네고는 서둘러 지하실을 나섰다. 임시방편 같긴 하지만 해결된다니 일단은 다행이라 생각하며 현수는 기사를 따라 나갔다. 차에 공구를 던져 넣던 기사가 현수를 돌아보았다.

"하수구 방향으로 배수가 되도록 하면 벽을 뜯는 것보다 비용이 3분지 1밖에 안 들어요."

"3분의 1이면 그게 얼만데요?"

"잠깐만요."

기사가 휴대폰을 켜서는 차 뒤로 자리를 옮겨 통화를 했다. 밉살스러운 타입이었다. 어디요? 여기서 넘어가면 다섯 시쯤이요. 네네… 통화를 끝내고 가까이 오는 기사를 보면서 현수는 긴장했다. 세면대 밑으로 배수관 하나 늘어뜨리는 것이니 크게 비싸지는 않겠지. 10만 원? 20만 원? 설마 50만 원? 이젠 없으면 없는 대로 궁색스럽게 한 달을 보내면 되는 상황이 아니었다. 현수가 즐겨찾기 해놓은 쇼핑사이트 장바구니에는 다솜이 감탄했던 액정 태블릿이 들어 있었다. 기사는 40만 원이면 떡을 친다고 하고는 차를 몰고 사라졌다. 호출이 많은 것을 보니 실력이 좋은가 보네, 라는 생각 대신 보란 듯 바쁜 척한다는 느낌이 들었다.

철공소로 올라가자 분위기가 왁자하니 시끄러웠다. 다들 박은주 책상으로 몰려가 있었다. 다솜이 현수에게 손짓을 했다.

"은주 언니, 제이제이 선정됐어요."

"아, 어디 작품 냈어요?"

철공소 입주자한테 좋은 일은 현수에게도 좋은 일이었다.

"제이제이 아트에서 창작 애니메이션 기획서를 공모했는데 선정됐다고 연락 왔어. 내일 홈페이지에도 올라갈 거야."

박은주가 아니라 자신이 공모에 선정된 듯 안 감독이 뿌듯해했다.

"은주 씨, 축하해요. 장편? 단편?"

"단편 애니메이션. 7분 정도로 생각하고 있어요. 팀 짜기도 그렇고… 나한테 선배밖에 없는 거 알지?"

"걱정 마. 아무 걱정 마. 이 오빠만 믿어."

두 사람의 간지러운 대화에 다들 토하는 시늉을 하며 흩어졌다.

현수는 자리로 돌아와 다른 배관업체를 검색했다. 배수관 하나 넣는 데 40만 원은 비싼 것 같았다. 맨 위에 올라와 있는 사이트로 전화하자 바로 연결이 됐다. 현수는 휴대폰을 귀에 댄 채 철공소를 나와 주차장으로 내려갔다. 경술이 출입구가

나 있는 건물 옆마당을 주차장이라고 할 때는 우습더니 요즘은 현수 역시 주차장이란 말이 입에 붙었다.

"여보세요, 말씀하세요."

목소리가 어린 남자가 전화기 저편에서 소리를 질렀다. 현수는 좀 전에 수리업체 기사한테 들은 대로 누수 상황을 전했다. 남자가 대뜸 100을 불렀다. 현수는 저도 모르게 헉, 소리를 냈다.

"타일을 뜯고 수리를 하면 130까지도 불러요. 요즘 세일 기간이라 30 깎아준 거예요."

현수가 잘 알겠다며 끊으려 하자 남자의 말이 빨라졌다.

"우리 기사님들 일정이 빡빡해서 예약을 하시는 게 나을걸요. 원천동 쪽은 건물이 오래돼서 맞는 타일이 잘 없걸랑요. 맞는 거 못 찾으면 시멘트로 봉한 채 냅둬야 돼요."

그래서 100을 부른 건지, 그러고도 100을 부른 건지 물어보지 않고 현수는 전화를 끊었다. 잘못하다간 두 달 용돈이 완전히 끊길 판이었다. 하는 데까지 해보는 특단의 조치가 필요했다. 현수는 계단을 다시 올라갔다. 건물 옥상으로 나가는 문 앞에 공구가 쌓여 있었다. 배수관 수리에 필요하겠다 싶은 것들을 공구가방에 다 집어넣었다.

공구가방을 들고 계단을 내려오던 현수는 걸음을 멈췄다. 1층 출입구에 송찬우가 서 있었다.

"오랜만이다."

찬우가 말했다. 현수는 인사말을 입속으로 우물거리고는

계단을 털레털레 내려갔다. 우편함 옆에서 걸음을 멈춘 현수
는 눈싸움하듯 찬우를 쏘아보았다.

"내가 왜 왔는지 안 묻냐?"

쓴 약을 물고 있는 사람처럼 인상을 찌푸리고 있는 현수에
게 찬우가 말을 걸었다.

"또 납치하러 왔어요?"

현수는 마음이 괜히 쫀쫀해져서 한마디 내뱉고는 지하실
계단을 내려갔다. 찬우가 현수를 따라 내려왔다.

"어우, 넓네. 여긴 아무도 안 쓰나?"

찬우가 지하실을 둘러보며 말했다.

"제가 쓸 거예요."

어디에 쓸 건지 묻지는 않고 찬우가 탁자 의자를 당겨 앉았
다. 장씨 아저씨의 전용 탁자에 오른팔 팔꿈치를 대고 의자
끝에 엉덩이를 걸치듯 앉은 찬우는 불편하고 어색해 보였다.

"의자도 탁자도 다 깨끗해요. 편하게 앉아도 돼요."

현수는 다솜과 함께 둔내리에 갔다 온 뒤 며칠간 지하실 대
청소를 했다. 사무실과 탕비실 전구를 갈았고, 창고 안에 쌓
인 종이박스와 책장에 꽂힌 책이며 잡지를 다 처리했다. 동네
를 도는 폐지 할아버지가 신이 나서 왔다 갔다 했다.

"2층은 예술 하는 부류인가 본데 장차 한가락씩 할 친구들
인가?"

"가봐야 알죠."

현수가 말했다. 철공소 사람들을 놓고 그런 식으로 말하는

게 듣기 불편했다.

"현수 너는 무슨 작업을 하는데?"

너… 라는 말이 귀에 걸렸지만, 그냥 넘어가기로 했다. 관계를 따지고 보면, 따질 문제는 아니었다.

"전 그런 쪽 아니에요."

"글 올린 거 보니 소설 쓰면 잘 쓰겠더만."

이죽거리는 느낌 없이 찬우가 말했다.

"그래서, 앞으로도 소설을 계속 쓸 건가? 다른 일을 해볼 생각은 없고?"

*

현수는 이즈음 성실했다. 철공소 관리는 기본으로 하면서 쇼핑몰 오픈을 위해 잡다한 업무를 처리하느라 바빴다. 제품 템플릿부터 카피 문구까지, 쇼핑몰을 완성하려니 이것저것 할 게 많았다. 월별 메인 상품을 정하고, 효소 거르는 모습과 장아찌 촬영 날짜를 조정하느라 복임과 통화도 자주 했다. 복임과 통화하고 있으면 경술은 목을 앞으로 내민 채 뻥한 표정으로 현수를 보았다.

'이복임 여사의 효소&장아찌'를 해보자고 말을 먼저 꺼낸 건 다솜이었다.

다솜은 복임으로부터 효소와 장아찌를 팔아보면 어떻겠냐는 제안을 받고, 산야초 쇼핑몰사이트를 몇 군데 훑었다. 다솜은 해보기로 결정했다. 쇼핑몰 관리는 그림 작업을 하면서 시간을 내어 할 수 있었다. 다솜은 복임이 현수에게 사업을 직접 권하지 않는 이유를 묻지 않았다. 앙큼하게도 복임의 제안을 자기 아이디어인 양 뻐기면서 효소와 장아찌 판매 아이디어를 떠올리도록 현수를 꾀었다. 틈틈이 해보자면서 시작한 쇼핑몰 사업에 다솜은 완전히 빠져들었다.

다솜과 함께 효소와 장아찌 판매 사이트를 만드는 한편 현수는 따로 시간을 내어 글을 썼다. 세라가 제안한 아르바이트 때문은 아니었다. 며칠 전 세라를 찾아갔다가 허탕치고 돌아오면서 현수는 글을 다시 써야겠다고 마음먹었다.

세라를 찾아간 건 둔내리에서 돌아온 이튿날이었다. 아침에 일어나니 세라한테서 부재 전화가 와 있었다. 119를 불러야 하는 상황인가 싶어 바로 통화버튼을 눌렀다.

"현수구나."

세라는 덤덤하게 전화를 받았다.

"어젯밤에 전화하셨던데, 괜찮으세요?"

"음, 나는 괜찮아. 자는 것 같아서 그냥 끊었다."

세라의 대답에 현수는 안도감과 함께 별일도 없는데 무시로 이러면 곤란한데, 하는 생각이 들었다.

"이쪽으로 와줄래? 당분간 사무실을 쉬기로 했으니까 집으로 오면 돼."

"지금요? 지금은 좀 그런데요."

현수가 귀찮다는 기색을 숨기지 않고 말했다. 이틀간 둔내

리 여행을 하고 온 터라 밖으로 나가는 게 내키지 않았다. 그
러다 퍼뜩 생각이 나서 집으로 찾아가겠다고 말을 바꿨다. 세
라가 주소를 문자로 보내겠다며 전화를 끊었다. 현수는 철공
소로 내려갔다. 세라에게 가는데 차를 가져가야 된다고 하자
다솜이 태블릿 펜을 놓았다.

"고모님이 또 아파요?"

다솜이 내비게이션에 주소를 입력하고 나서 물었다.

"아니, 이 차, 갖다드리려고."

다솜의 눈이 동그래지더니 어딜 다친 것처럼 외쳤다.

"오빠가 알바해서 받은 거잖아."

"내가 일을 하다가 말았잖아. 마무리를 못했으니 돌려드리
는 게 맞지."

"전에 글 올린 거 때문에 오빠 끌려가기도 했다며. 안 감독
님한테 다 들었어."

입도 가볍지. 현수는 혀를 찼다

"차는 번호판 다는 순간 중고라고요. 팔아봐야 얼마 받지
도 못해. 글고 우리 쇼핑몰 본격 가동하면 차 쓸 일도 많을
거잖아."

맞는 말인데, 차를 세라한테 돌려주지 않아도 되는 이유는
아니었다. 세라가 아르바이트를 제안하면서 내심 바랐던 게
뭐든 차를 사주겠다는 조건은 송찬우가 어떤 인간인지 제대
로 까발려달라는 거였다. 현수는 그 약속을 지키지 못했다.

"운전 안 하시면 이 차 돈 먹는 애물단지밖에 안 될걸. 돌려

232

드리는 게 민폐야."

다솜은 시동을 걸고 차를 달리면서도 현수의 마음을 돌리려고 애썼다. 현수는 다솜이 차에 애착을 갖고 있는 건 알았어도 이렇게 아쉬워할 줄은 몰랐다. 미안하기도 하고, 약간 피곤하기도 했다. 현수가 입을 다물자 잠시 후 다솜도 입을 다물었다. 다솜의 운전 실력이 한 달도 안 돼 눈부시게 좋아졌는지 차는 미끄러지듯 조용히 달렸다. 차가 무월로로 접어들었다.

"저기 들렀다 가자."

무월로를 한참 달리던 중에 현수가 주유소를 가리켰다. 다솜이 속도를 줄이며 주유소로 들어섰다. 현수는 기름을 가득 채워달라고 했다. 주유소에서 검색을 해보니 세라의 집까지는 10분 거리였다. 시동을 걸고 출발했던 다솜이 전방을 두리번거렸다.

"이쯤에서 길이 나와 줘야 되는데."

"양명시 무월로 180-8, 제대로 찍었고… 경로대로 온 거 같은데?"

현수가 내비게이션을 보며 주소를 확인했다.

"저기 저 길인가?"

현수가 한 블록 앞에 있는 횡단보도 옆길을 가리켰다. 다솜이 고개를 갸웃거리고는 횡단보도 쪽으로 달리다가 차를 우회전해 들어갔다.

"길이 없어. 아무것도 안 보여."

차를 우회전해 들어간 길에는 철장 담장이 죽 이어져 있었다. 다솜이 갓길에 차를 세웠다. 내비게이션에는 세라가 찍어준 아파트 이름이 떴다.

"혹시 오빠, 주소 틀리게 적은 거 아니에요?"

"문자로 보내준 거니까 틀릴 리가 없는데."

아파트 입구를 찾기 위해 다솜과 현수는 오던 길로 유턴해서 나갔다. 횡단보도에서 신호등을 기다리느라 대기하며 다솜은 목을 길게 빼고 주변을 둘러보았다.

"이쪽 도로에서 들어가는 길이 있었나. 아까 올 때 못 본 거 같은데… 오빠 봤어요?"

"어, 나도 못 본 거 같은데."

다솜이 이상하네, 중얼거리면서 주위를 계속 두리번거렸다. 다솜이 좀 전부터 초조해 보이는 게 서두르는 눈치였다. 현수는 둔한 자신을 책망했다. 일주일에 나흘, 오전 아르바이트를 하는 데다 집안일을 거들어야 하는 다솜은 현수에 비해 시간에 쫓기는 편이었다.

"그냥 돌아가자."

현수가 말했다.

"돌아가자고요?"

"응. 그냥 돌아가."

"여기까지 와서?"

"안 가는 게 나을 것 같아."

"아, 오늘 일진이 안 좋은 날이구나?"

다솜의 말에 현수가 풋, 소리를 내며 웃었다. 현수는 세라에게 전화를 걸었다. 세라가 어디냐고 물어서 현수는 무월로를 달리는 중인데, 일이 생겨서 돌아가 봐야겠다고 대답했다.

"맛난 거 해주려고 준비 다해 놨는데……."

세라가 말했다.

"죄송해요."

현수는 그렇게만 말했다. 잠시 침묵이 오간 뒤에 세라가 말했다.

"어젯밤에 송찬우한테서 전화를 받았어. 송찬우 측에서 너를 찾아갈 것 같아. 별일은 아닐 거다만… 암튼 너무 걱정하지는 마."

현수는 걱정하지 않았다. 한 번 당해봤으니 겁날 것도 없었다.

"네, 고모도 걱정하지 마세요. 그러잖아도 저, 이제 글 올리는 거, 그만두려고요. 그럴 필요도 없을 것 같고요."

세라가 잠시 멈칫하는 게 전화기 이편에서도 느껴졌다.

"송찬우에 대해서 글 쓰는 게 힘들어서 그러니?"

세라가 물었다.

"제가 그 사람 자식이라는 것을 밝히고 싶지 않아서 그래요."

결국, 말을 했다.

세라는 조용했다. 현수는 기다렸다. 전화기를 들고 있을 텐데 아무 소리도, 숨소리조차 들리지 않았다.

"너를 위해서였어."

순순히, 무너지는 느낌으로 세라가 말했다.

"네, 알아요."

현수가 말했다. 목소리가 조금 갈라졌다.

자신이 버렸던 아이를 찾아온 것은, 어떤 의도에서였든 아이에 대한 사랑이 섞여 있을 거라고 현수는 생각했다.

"너를 뱃속에 가진 것을 알고 나는 조심했다. 애한테 해가 될까 봐 약을 끊으니 몇 달 안 돼 손가락이며 팔꿈치가 틀어지더라. 팔목 발목 연골마디들이 부어오르고 그게 그냥 딱딱하게 굳어버리데."

세라의 틀어진 손가락을, 기우뚱한 어깨와 등을, 어딘가 삐걱거리는 듯한 걸음을 현수는 눈앞에 떠올렸다. 고맙다고도, 미안하다고도 할 수 없었다. 생색을 내려고 한 말이 아니라 세라의 몸이 현수의 흔적과 기억을 간직하고 있다는 고백인 것을 알아들었다.

"배가 불러오는데도 허우대 멀쩡한 그 바보는 산달이 될 때까지 내가 임신한 것도 몰랐어. 애가 태어난 게 날벼락 같았을 거야. 그래도 그 인간, 네가 태어나면서 술에 취해 들락거리던 내 집으로 짐을 싸갖고 들어왔다. 그렇게 같이 살았지. 잠시… 우리는 가족이었어."

현수는 아무 말도 할 수 없었다. 불에 단 돌을 가슴 한복판에 받아 안은 듯 온몸이 뜨거워졌다. 어떤 회한 같은 게 뜨거워진 가슴을 휘감는 느낌이었다. 그렇다고 못 견디게 슬픈 건 아니었다. 아닌데, 의지나 감정과는 상관없이 무슨 의식처럼 눈물이 뺨을 타고 흘러내렸다. 만 2년이었어요. 현수가 속으로 중얼거렸다. 갓난애에게 2년은 생명이 온전해지는 한 생일 터였다. 현수는 보푸라기처럼 일어나는 마음속 물음들을 쓸어 눕혔다.

다솜은 옆에서 조용히 운전을 했고 아무것도 묻지 않았다. 차는 무월로를 벗어나 원천동 방향으로 속력을 냈다. 현수는 다솜이 세라에 대해, 그리고 송찬우에 대해서 다 알고 있을 거라는 느낌이 들었다. 그러나 그렇지는 않을 것이다.

세라를 만나러 갔다가 돌아오면서 현수는 세라와 찬우에 대해 글을 써야겠다고 생각했다. 그들에게서 떨어져 나온 제 삶의 줄기를 두 사람의 자서전에 엮어 넣고 싶었다. 그렇게 해야 할 것 같았다. 제 삶의 통로 속으로 흘러든 두 사람이 각자의 궤도를 따라 흘러나가기 전에 잠시라도 함께 흐르고 싶었다.

현수는 처음부터 새로 글을 쓰기 시작했다. 두 사람이 홀연 세상에서 사라지기라도 할 것처럼 지금까지 들었던 말과 자료를 쌓아놓고 글을 썼다. 세라와 찬우, 두 사람의 이름과 함께 현수 자신의 이름이 실명으로 등장하는 글이었다. 글을 써나가다 보니 유품 정리를 하는 느낌마저 들었다. 가끔 다솜이 현수의 등 뒤에서 모니터를 들여다보고는 어이가 없네, 하는 표정을 지었다. 다솜은 효소와 장아찌 로고를 만들고 일러스트 작업을 하느라 그림책 파일은 열어보지도 못하고 있었다.

"나를 위해 쓰는 글이야. 이해가 안 되겠지만, 사실 나도 잘 이해가 안 되는데… 우리 둘을 위해서라도 이 글을 끝맺어야 할 것 같아."

현수의 변명에 다솜은 흠흠, 뜻 모를 소리를 내고는 자기 자리로 돌아갔다. 변명으로 둘러댄 말이긴 해도 현수의 진심이었다. 현수는 스스로 의식하지 못한 채 지나가 버린 시간의 공백과 허기를 메우고 있는 중이었다. 엉키고 뒤틀렸던 시간을 간추리고 각자의 역사를 글 속에서나마 제자리로 돌려주고 싶었다. 자신이 할 수 있는 방식으로 만나고 이별을 하고 싶었다.

세라를 다룬 글은 현수 자신과 마지막으로 주고받은 대화까지 정리됐다. 조용히 은둔하듯 살아온 시간이 세 장(章)에 나뉘어 어렵잖게 정리됐다. 통증을 지고 가는 세라의 생은 심플했고 비밀이 없었다. 세상에 비밀을 가지고 숨어 있는 쪽은 오히려 송찬우였다.

이번 글에서는 송찬우가 시의원이 된 이후 벌여온 일들을 걸러내지 않고 전부 집어넣었다. 송찬우가 현재 어떤 모습으로 살아가고 있는지에 대해서도 좀 더 상세히 다루기로 했다. 지금은 〈초록지대〉와 〈양명문화연구소〉라는 시민단체의 대표로서 송찬우가 한 일을 자세히 알아보는 중이었다. 제대로 다루려면 며칠은 클릭질로 날려야 할 판이었다. 쉽지는 않겠지만 현수는 자칭 구글링의 달인이었다.

구글링을 하다 보면 세상의 어떤 자료도 홀로 존재하지 않는다는 것을 깨닫게 된다. 자료들은 하나의 키워드가 찾아 들어가는 경로를 통해 끌어올려졌다. 자료 속에 들어 있던 키워드들은 그런 게 있는지조차 몰랐던 또 다른 자료와 연결되면서 깊숙이 묻힌 정보를 소환해냈다. 키워드와 자료가 오가는 경로는 어떤 의미에서 새로운 사실 하나가 세상에 등장하는 통로였다. 통로와 통로가 겹쳐지는 지점에서는 지금까지 없던 항목이 생성되었다. 지금 하고 있는 구글링에서 현수 앞에 생성될 항목은 세라와 현수의 삶에 얽힌 송찬우였다.

연극 강사 송찬우, 세라와 현수를 버린 송찬우, 녹색교육에 힘쓰는 〈초록지대〉 대표 송찬우, 양명시의원 송찬우, 〈대로기획〉과 손잡고 비리를 저지르는 송찬우, 유명 식당 여사장과 결혼한 송찬우, 의붓딸과 의붓아들의 좋은 친구로 인터뷰를 하는 송찬우, 가족과 함께하는 삶을 슬로건으로 내걸고 양명시장 예비후보로 나선 송찬우, 현수의 존재를 난감해하는 송찬우……. 송찬우라는 항목으로 완성될 글이 선거법에 걸릴 염려는 물론 없었다. 세라와 송찬우에 대해 쓰고 있는 이번 글은 현수가 운영하는 비공개 카페에 안치될 거니까.

*

"그나저나……."

의자 등받이에 기댄 채 눈을 감고 있던 찬우가 자세를 바로 하고는 마른세수를 했다. 현수는 탁자 맞은편에 앉아 그를 바라보았다. 한 달 전에 비해 피부가 꺼칠한 게 수척해 보였다.

"전에 올렸던 글, 그거 내려주면 안 되겠냐?"

찬우가 메마른 목소리를 목에서 억지로 밀어내듯 말했다. 수척하고 피곤해 보이는 것이 자신 때문일지 모른다는 짐작으로 누그러졌던 현수의 마음이 조금 팽팽해졌다.

"어차피 퍼질 만한 데는 다 퍼졌어요."

"원작 글이 있는 거하고 없는 거하고는 또 다르지. 내릴 수 없는 건 아니지?"

로그인만 하면 당연히 내릴 수 있었지만, 현수는 대답을 하지 않았다. 찬우가 초조해하는 것을 보자 왠지 좀 서글펐다.

"알고 보면 네가 이렇게까지 할 일이 아닌데 속을 썩이네."

이 정도면 약과죠.

자식 때문에 마음 아프지 않은 부모가 어디 있다던. 복임이 했던 말을 떠올리며 현수는 공구가방을 들고 자리에서 일어섰다.

"왜? 얘기 좀 하자니까?"

"할 일이 있어요. 문 열어둘 테니 말씀하세요."

현수는 공구가방을 들고 화장실로 갔다. 찬우한테서 그를 정말 싫어하게 될 말을 듣고 싶지 않았다.

"지난 일 갖고 왈가왈부하는 거 그거 세상에서 가장 비생산적인 일이야. 사람이 앞을 보고 살아야지. 내가 너 취직자리도 생각해봤는데……."

찬우가 현수의 등에 대고 말했다. 현수는 화장실 바닥에 공구가방을 내려놓고 망치와 송곳과 손을 감쌀 수건을 꺼냈다.

방수테이프와 그라인더도 꺼내서 망치 옆에 놓았다.

"어디 물이 새나?"

찬우가 자리에서 일어나서 화장실로 오더니 현수가 늘어놓은 연장에 눈길을 주었다.

"이야, 참 오랜만에 본다. 내가 젊을 때 돈 벌려고 투잡, 스리잡을 뛰었단 말이지. 단열공사부터 전기배선, 욕실 바닥 까는 거 안 해본 게 없다."

진짜요? 묻는 표정으로 현수가 찬우를 돌아보았다. 찬우가 그런 일들을 했다니까 믿기지 않았다. 왠지 좀 신기하기도 했다. 구글링으로는 알아낼 수 없었던 사실들이었다. 송찬우, 라는 항목을 완성하기 위한 가장 중요한 통로가 저 사람인데… 하는 생각이 현수의 머리를 스쳐 갔다.

"나이 들면서 돈 안 되는 연극 그만두고 목수로 풀린 친구들 많아. 칠장이로 밥 먹는 친구도 있고, 가구 만드는 친구도 있고… 맞아, 십장 노릇하는 형도 있었지. 연극판 뜨고 한동안 빌빌대는데 바닥을 치고 나면 다들 살길을 찾더만."

"극단에서 그런 기술도 가르쳐요?"

살길이라는 게 어째 다 건설현장 쪽인가 싶어 현수가 물었다.

"옛날에는 연극 올릴 때 단원들이 전부 몸으로 때웠거든. 소품이며 무대장치며 연극판이 아니라 노가다판이었어. 그러니 작업 한 번 하고 나면 진짜 식구보다 더 가까운 사이가 되지. 생각하면 그때가 봄날이었다."

봄날… 세라와 처음 만난 날이었나. 봄날을 말하던 세라도 송찬우처럼 저렇게 아련한 표정을 지었던 것을 현수는 기억했다. 현수는 타일 틈새가 축축한 벽을 보며 중얼거렸다. 바닥을 치는 것도 나쁘지는 않겠네.

"어디 한번 볼까. 아, 잠깐."

화장실로 들어서던 찬우가 주머니에서 휴대전화를 꺼내며 몸을 돌려 나갔다. 현수는 망치를 들고 벽 앞으로 다가서면서 찬우를 힐긋 쳐다보았다.

"…여긴 걱정 마시고 화백들 입단속부터 시키세요. 어제 양명신문 배승태 기자가 꺼리 좀 달라고 찔러댑디다."

통화내용을 듣고 있는데 찬우가 휴대폰을 귀에 댄 채 걸어와 화장실 문을 닫았다. 문이 닫히자 통화소리가 멀어졌다. 현수는 문을 살그머니 열어놓고 타일을 두드리는 척하면서 귀를 기울였다.

"자료비요? 자료비는 무슨… 사진 한 장까지 다 정산했구만. …미술품 아카이브 사업 안 할 겁니까? 대표님이니까 제가 그런 조건으로……."

통화를 하면서 탁자 쪽으로 걸어가는지 소리가 멀어졌다. 한마디씩 들리는 말들로 짐작건대, 예전 전시회에 참가했던 화가들이 돈을 더 달라고 하고, 그 문제로 김학도 대표와 밀당을 하는 눈치였다. 화백들이 막무가내로 돈을 달라고 할 리는 없을 테니, 송찬우가 화백들의 몫을 자기 앞으로 챙겼을 가능성이 컸다. 잡음이 나는 것을 눈치 챈 기자가 송찬우와 김학도가 같이한 사업을 캐고 있는 듯했다.

완벽한 추리네.

현수는 혼자 감탄하며 고개를 주억였다. 이번에 글을 새로 쓰면서 보니 자신이 상황을 분석하고 추리하는 데 꽤 소질이 있는 듯했다. 이참에 나도 추리작가가 돼볼까. 공상으로 빠지던 현수는 정신을 차리고 물기 밴 벽을 향해 망치를 내려쳤다.

으으으…

잠시 후 현수는 감고 있던 눈을 조심스레 떴다. 망치의 손잡이를 꽉 잡은 채 벌벌 떨던 현수는 거울 앞으로 갔다. 다친 데 없이 멀쩡했다. 하마터면 벽에서 튕겨 나온 망치에 얼굴이 부서질 뻔했다. 망치를 다시 집어 들었지만 오금이 저려 내리칠 엄두가 나지 않았다.

"벌써 다 고쳤냐?"

찬우가 휴대폰을 귀에서 떼고 물었다.

"아뇨, 아직."

망치질이 아무나 하는 게 아니었다. 찬우는 휴대폰을 다시 귀에 갖다 댔다.

현수는 잠시 망설이다 탁자 맞은편에 다시 앉았다. 통화를 하면서 찬우는 의자 등받이에 몸을 기댄 채 발을 탁자에 걸쳐 놓고 있었다. 이번에 지하실 대청소를 하면서 버릴 건 거의 다 버렸는데, 장씨 아저씨가 사용했던 탁자와 장의자는 그대로 두고 쓰기로 했다. 현수가 전용의자로 애용했던 둥근 소파도 다 낡았지만 버릴 수가 없었다.

고등학생이었던 현수가 놀러 오면 장씨 아저씨는 차와 펑리수를 내놓았다. 탁자를 사이에 두고 앉아 차를 마시면서 장씨 아저씨는 현수에게 여러 가지 이야기를 들려주었다. 대만 생산지에 따라 미묘하게 다른 차의 맛에 대해 들려주고, 자신이 취급하는 우롱차와 포종차, 홍차의 유통경로에 대해서도 들려주었다. 현수가 마치 견습생이라도 되는 양 귀에 쏙쏙 들어오게 설명했다.

현수는 장씨 아저씨와 함께 차 마시는 시간을 좋아했다. 물론 현수는 차 도구를 세트로 갖춰놓고 따라주는 고급 우롱차보다는 과일 잼이 젤리처럼 꽉 차 있는 펑리수의 맛을 훨씬 좋아했다. 장씨 아저씨는 현수가 먹을 복이 많게 생겼다면서 나중에 먹거리 사업을 해보라고 했다. 찬우가 발을 턱 걸쳐놓고 있는 저 탁자에서 현수와 다솜은 판매 실적을 논의해가며 사업을 꾸려갈 참이었다.

"…서로 좀 돕고 삽시다."

찬우가 강경한 어투로 통화를 끝내고는 발을 탁자에서 내렸다. 발이 놓였던 곳에 봉투 하나가 보였다. 찬우가 봉투를 집어 현수에게 내밀었다.

"입사 계약서다."

현수는 봉투를 거들떠보지 않았다. 무슨 꿍꿍이인지 몰라도 느낌이 좋지 않았다.

"초록지대에서 상근할 사람이 필요해. 당분간 선거업무나 자잘한 거 돕고, 3개월 지나면 사무국장으로 앉아라."

선거업무? 사무국장? 낯선 말들이었다.

"제가 아저씨를 곤란하게 하는 글을 계속 올릴까 봐 이래요?"

현수는 서류를 찬우 앞으로 도로 밀었다.

"쉽게 가자. 내가 요즘 너무 피곤하다. 이럴 때 네가 와서 도와주면 서로 좋잖냐."

서로 좋다고? 뭐가 서로 좋은 거지?

대답을 찾아내려는 듯 현수는 찬우의 얼굴을 쏘아보았다.

"구체적으로 제가 뭘 도와줄 수 있죠?"

현수는 스물여덟 살이 되기 전에는 그 존재조차 몰랐던 두 사람, 세라와 송찬우가 헤집어 놓은 제 마음속 깊은 바닥을 들여다보고 싶었다.

"그건 차차 알게 될 거고, 네가 보기에 무소속인 내가 당선이 될 거 같으냐?"

찬우가 당락여부를 남 얘기하듯 물어서 현수도 솔직하게 대답했다.

"안 되겠죠. 아무래도."

현수는 자신이 올린 글 때문에 찬우가 당선될 기회를 박탈당할 거라고 생각지 않았다. 대선이니 총선이니 몇 차례 있었던 선거에 투표조차 안 했지만, 찬우가 시장에 당선될 가능성이 없다는 것 정도는 점칠 수 있었다.

"그런데 왜 시장후보로 나섰어요? 10퍼센트 이상 표를 못 얻으면 기탁금이랑 선거자금 다 날린다면서요?"

글을 써서 올리면서도 사실 그게 궁금했다. 검색을 하다 보면 '선거에 출마했다가 폭망했다'는 내용의 글이 드물지 않게 눈에 띄었다.

"사퇴해야지."

"네?"

"너만 알고 있어. 등록일 하루 전에 후보 사퇴할 작정이다. 지금까지 들어간 비용하고 예비기탁금은 날리는 거니까 대로기획 사람들 손에 명함 쥐여서 부지런히 돌려야지."

"사퇴한다면서 명함은 왜 돌려요?"

"시장 예비후보도 경력이야. 이름을 알려야 사업을 따지. 초록지대를 모기업으로 하고 양명문화연구소와 대로기획 실적 다 긁어 넣으면 20억짜리는 충분히 딸 수 있어."

현수가 입을 벌린 채 찬우를 보았다.

"아저씨, 사기꾼이에요?"

현수의 질문에 찬우가 웃었다. 재미있다는 듯 웃는 모습이 현수에게 어떻게 비치는지 그는 모르고 있었다.

"사기도 당할 만한 사람이 당해. 사기꾼이 지능적이어서가 아니라 당하는 사람도 똑같으니까 당하는 거야. 가해자와 피해자가 손잡고 벌이는 쇼 같은 거지. 남녀 사이도 똑같아. 현수, 네가 올려놓은 글에서 내가 아주 몹쓸 인간이 돼 있던데, 실상은 그런 게 아니란 말이지. 남자 여자 사이에 가해자가 어딨고 피해자가 어딨냐."

찬우의 얼굴에 농담의 기색은 없었다.

246

"아저씨 때문에 세라 고모는 고통을 당했어요. 아저씨 때문에 아이도 고통을 당했고요. 그런데 가해자가 없고 피해자가 없다고요?"

현수는 사납게 쏘아붙였다. 찬우는 답답하다는 듯 한숨을 내쉬고 말했다.

"세라, 잘 살고 있잖냐. 내 눈치 보면서 사는 것보다 지금이 훨씬 낫지. 사업체도 잘되는 것 같던데, 대체 뭐가 문제라는 거냐."

"뭐가 문제인지… 모르겠어요?"

"그래, 내가 인간쓰레기 같은 짓을 했다 치자. 그렇다고 나를 죽일 거냐. 아닌 말로 내가 싼 똥이라고 내가 평생 뭉개고 앉아 있으면 뭐가 달라지나."

"똥이 아니라 자식이었어요. 아저씨 자식! 아저씨 아들이었다고요."

현수는 마음을 집어던지듯 송찬우를 향해 외쳤다. 그에게 하고 싶은 말은 그것뿐이었다. 당신이 해야 할 일은 뒤늦게 그 존재를 알게 된 아들에게 사과를 하는 것이다. 너를 모른 체해서 미안하다. 무책임하고 이기적이어서 미안하다. 주눅 들게 해서 미안하고 외롭게 내버려둬서 미안하고 지켜주지 못해서 미안하다. 진심으로 사과를 하고 용서를 비는 거라고요. 목구멍에서 소리 없이 터져 나온 목소리가 가쁜 숨으로 흩어졌다. 엄마도 아니고, 아버지도 아니고, 남도 아닌, 아무것도 아닌 당신들을 나는 이미 용서할 준비가 돼 있다. 나는 당신마저 용서하고 싶단 말이다. 송찬우에게 내지른 절규는 현수 스스로 쌓아올렸던 벽에 부딪치면서 이명처럼 귓속에서 윙윙거렸다.

"그래, 그러니까 쓸데없는 짓 하지 말고 내 밑에서 일이나 배우라고. 우리 둘이 가까이 있을 수도 있고, 좋잖냐."

찬우의 얼굴에 피로감이 드러났다. 현수는 숨을 깊이 들이마셨다가 천천히 내뱉었다. 전류가 흐르듯, 현수의 몸속에 웅크리고 있던 무언가가 몸 이쪽 끝에서 저쪽 끝으로 달려갔다.

"……귀찮으면 그냥 이름만 올려놔도 돼. 월급도 챙겨주고, 내가 알아서 할 테니."

찬우가 현수를 향해 입을 벙긋거렸다. 막간의 어둠처럼 깊고 아득한 틈을 사이에 두고 서로 차원이 어긋난 세상에 있는 것처럼 찬우의 목소리가 잘 들리지 않았다.

소독약을 뿌려야겠네.

현수는 고개를 들고 천장을 바라보며 중얼거렸다. 형광등 주변에 늘어진 거미줄이 두 개나 눈에 띄었다. 벽과 출입문의 먼지를 닦아내면서 머리 위 천장은 신경을 못 썼다. 지금 당장 할 일은 누수를 해결하는 거였다. 현수는 자리에서 몸을 일으켰다. 오른발을 뒤로 디디고 걸상 옆으로 나오는 순간 왼쪽다리에 마비증상이 왔다. 근육이 칡처럼 딱딱해지면서 뒤틀리듯 통증이 시작됐다. 찬우가 휴대폰을 주머니에 넣으며 일어섰다.

"계약서는, 나중에 사인해서 줘도 되고… 아참, 내 전화번호는 알고 있나?"

"잠시만요."

현수는 호흡을 조절하면서 발목을 앞으로 가볍게 꺾었다가 폈다. 발가락은 움직일 수 있었다. 심한 건 아니었다. 탁자를 짚고 기우뚱하게 서서 뒤틀린 근육이 풀리길 기다리며 찬우에게 말했다.

"잠시 위에 갔다 올 테니 기다려 주실래요. 갔다 와서 몇 가지 여쭤보고 대답할게요."

찬우가 주머니에 넣었던 휴대폰을 꺼내 시간을 확인했다. 글자가 잘 보이지 않는지 눈을 찌푸렸다.

"그래? 그렇다면… 그동안 내가 잠깐 볼까. 물이 샌다고?"

찬우가 슈트 상의를 벗어 의자 등받이에 각을 잡아 걸었다. 현수는 찬우가 소매를 걷으면서 화장실에 들어가는 것을 보고 지하실에서 나왔다. 그라인더를 작동하는 소리가 들렸다. 안전덮개를 어디서 분실했는지 찾을 수 없어 경술도 그라인더는 손에 잡지 않는데 혹시 몰라 가지고 내려왔던 것이다.

그라인더 소리가 곧 멈추고 벽을 두드리는 망치 소리가 들렸다. 지하실을 나온 현수는 문을 닫고 잠시 그 자리에 서 있었다. 우두커니 서서 안에서 들려오는 소리를 들었다. 탕 탕 탕 탕… 산화예불에서 들었던 목탁 소리처럼 고저장단 없이 내리치는 망치질 소리를 들으며 서 있다가 지하실 계단 뒤쪽으로 갔다.

계단 아래 컴컴한 바닥에 화분이 그대로 있었다. 말라 죽은 화초와 잡석들을 헤치자 자물쇠가 나왔다. 예전 장씨 아저씨가 쓰던 자물쇠였다. 우룽차와 동방미인 같은 고급제품을 창고에 보관했던 장씨 아저씨는 문밖에도 따로 자물쇠를 잠가 단속을 철저히 했다. 망치질 소리가 들리다가 멈췄다. 현수는 잠시 기다렸다가 안에서 다시 탕탕 소리가 들리는 순간 문고리에 건 자물쇠를 힘껏 눌렀다. 철컥, 소리가 나고 잠시 후 그라인더 날이 돌아가는 소리가 날아왔다.

지하도시 데린쿠유

철공소에는 다솜 혼자뿐이었다. 다솜은 자기 집에서 가져온 파란 플라스틱 소쿠리를 들고 까뮈와 복들이 앞에 앉아 있었다. 까뮈와 복들이가 소쿠리 안에 뛰어들도록 꾀는, 다솜이 좋아하는 장난이었다.

"다들 송화관에 갔어요. 은주언니가 탕수육 쏜대요."

어딜 간다는 말도 없이 나갔다가 늦게 온 현수에게 삐쳤지만 이번만큼은 넘어가 준다는 표정으로 다솜이 말했다.

"왜 그러고 서 있어요? 어디 아파요?"

낯선 방에 들어온 사람처럼 뻣뻣하게 서 있던 현수는 다솜을 향해 걸어갔다. 다솜이 다른 사람들과 같이 나가지 않고 자신을 기다려준 것이 고마웠다. 다솜이 철공소에 없었다면, 이 순간 현수는 몹시 쓸쓸했을 것이다. 다솜이 두 팔을 벌린 채 다가오는 현수를 쳐다보았다. 현수가 다솜을 덥석 안았다.

"숨 막혀."

현수한테 묻혀 있던 다솜이 중얼거렸다.

"고마워."

다솜을 껴안은 현수는 눈을 감고 말했다.

"심장이 막 터질 것 같아."

다솜이 말했다. 현수가 다솜의 등에서 손을 풀며 겸연쩍게
웃었다.

"방금 오빠, 아서 왕 같았어요."

"아서 왕? 내가?"

"아서 왕이 자신을 걱정하는 부하를 안았다가 질식사시켰
잖아요."

현수는 그런 이야기는 처음 듣는다는 표정으로 볼을 부풀
렸다. 다솜이 웃었다. 현수가 볼을 부풀리고 눈을 끔벅거리면
다솜은 어김없이 웃음을 터뜨렸다. 다솜은 현수가 선량하고
믿음직한 곰 같다고 했다. 돼지만 아니면 어떤 동물을 갖다
대도 현수는 상관없었다.

"아서 왕이 갑옷으로 무장한 채 꿇어앉아 밤을 새워 기도를
했대요. 다음 날 주류담당관 뤼캉이 왕의 초췌한 모습에 눈물
을 쏟았죠. 자신을 걱정해서 우는 걸 보고 아서왕이 자리에서
일어나 뤼캉을 안았어요. 부하를 사랑하는 뜨거운 왕의 마음
으로 안은 건데, 뤼캉은 고만 심장이 터지고 말았대요."

"힘 조절이 그렇게 안 되나?"

현수의 말에 다솜이 다시 웃음을 터뜨렸다. 다솜의 웃음소
리를 들으니 가슴에 꽉 차 있던 불안이 씻겨나가는 것 같은
데, 마음 한구석은 물탱크가 들어앉은 듯 무거웠다.

"아서 왕은 원래 곰이었대요. 우리나라 웅녀처럼. 그쪽 민
족한테 곰은 신이니까 아서 왕을 그만큼 신격화한 거겠죠.

암튼 신들의 사랑은 그 운명을 예측할 수가 없어. 무자비하기도 하고."

인간의 사랑도 마찬가지야.

세라의 사랑을 감정적 폭력이라 치부했던 찬우와 그런 찬우를 끌어안고 산 세라를 떠올리며 현수가 웅얼거렸다. 모든 사랑이 다 그렇게 무자비한 속성을 숨기고 있는지도 몰랐다. 그 어떤 운명의 신이 있어 검푸른빛의 반투명 구슬을 너무 가까운 데서 너무 세게 던졌다 해도, 운명이 열 살의 어린 현수에게만 무자비했던 것은 아닐 것이다.

"근데 오빠, 아까부터 왜 그렇게 손을 떨어."

"어… 그러네. 이거 왜 이러지."

현수는 심하게 떨고 있는 오른손을 왼손으로 붙잡았다. 그래도 계속 떨렸다. 부르르 떨리는 오른손을 왼팔 겨드랑이에 끼웠다. 강력 배터리를 끼운 듯 몸에 진동이 전해졌다. 현수는 옆에 있는 의자에 털썩 주저앉았다. 어떤 경고가 현수의 몸 안에서 와아와아 밀려 나왔다.

"무슨 일 있어요?"

다솜이 물었다. 현수는 얼이 빠진 사람처럼 다솜을 쳐다보았다. 태생적으로 무딘 듯이 살면서 현수는 자신의 상처를 예민하게 의식하고 누군가에게 늘 호소했던 것인데, 어쩐지 그게 창피해서 아닌 척 모른 척해왔다. 여전히 창피하긴 한데 작고 단단한 손으로 떨리는 손을 꼭 잡아주는 다솜한테는 말해도 괜찮을 것 같았다.

"지하실에 누가 있어."

현수가 말했다.

"여기 지하실에요? 누가요?"

"그게……."

현수의 초점이 흐려졌다. 지하실에 있는 사람이 누군지 모르겠다는 듯 난감한 표정을 짓고 있는 현수를 보며 다솜의 눈에 염려가 어렸다. 현수가 고개를 저으며 변명하듯 웃었다. 자신이 저질러놓은 일에 다솜을 끌어들여서는 안 될 것이다.

"아리에티."

박은주의 맥북 모니터였나. 며칠 전 아리에티를 띄워놓은 장면을 본 게 기억났다.

"마루 밑 아리에티?"

현수가 어깨를 으쓱하자 다솜이 웃음을 터트렸다.

"뭐야, 놀랐잖아."

"전쟁이나 재난이 발생하면 사람들은 보통 지하로 숨어들잖아. 아리에티 가족처럼 마루 밑으로 들어가기도 하고… 세상에서 제일 큰 방공호가 어딘지 알아?"

"데린쿠유."

다솜이 일 초도 망설이지 않고 말했다.

"어떻게 알았어?"

현수가 놀라서 물었다.

"오빠 카페 이름이 데린쿠유잖아. 현수의 지하도시, 데린쿠유!"

현수는 자신의 카페 이름을 얼마 전 '지하도시, 데린쿠유'로 바꿨다. 우물을 키워드로 검색하다 데린쿠유를 알고 나서였다. 그때까지 카페 이름은 '현수의 비밀 동굴'이었다. 동굴 속에 먹이를 쟁이듯 현수의 손에 들어온 세상의 조각들을 묻어두는 비공개 카페에 '지하도시, 데린쿠유'는 썩 잘 어울리는 이름이었다. 둔내리에서 돌아온 날 밤, 현수는 다솜을 비공개 카페에 초대했다. '지하도시, 데린쿠유'가 두 사람의 주민을 갖는다는 게 어떤 의미인지 그때는 생각지 못했다. 연애를 하면서 뒷일을 생각하기란 어려운 법이다.

"다솜아, 오늘 너랑 같이 있고 싶다."

　현수가 말했다. 다솜이 큼직한 앞니로 아랫입술을 물고 현수를 쳐다보았다. 놀란 표정은 아니었다. 정작 놀란 사람은 다솜이 아니라 현수였다. 말을 꺼낸 순간 현수는 자신이 늘 수치스럽게 여겼던 뚱뚱한 몸을 의식하지 않았다는 것을 깨달았다.

"떨려서 그래. 내가 오늘… 힘든 일을 처리하고 있어."

"힘든 일을 왜 혼자 해."

　다솜이 말했다.

"그러니까 같이 있어줘."

　현수가 말했다.

"오늘은 지금까지 나를 괴롭혔던 유령들을 처리하는 날이야. 밤새 싸움을 하게 될지도 몰라. 마음이 약해지면… 너랑 같이 있으면 괜찮을 것 같아."

다솜이 골똘한 눈길로 현수를 바라보더니 고개를 크게 한 번 끄덕였다. 무슨 말을 하는지 모르겠지만 더는 묻지 않겠다는 다솜의 눈빛에 현수는 마음이 한결 푸근해졌다. 둘은 마주 보며 서로의 표정을 살피다 웃음을 터뜨렸다.

"고마워. 내가… 그러니까, 고맙다고."

현수는 다솜의 손을 잡고 자리에서 일어섰다. 어떤 진실은 구구절절 늘어놓는 것보다 덮어두는 편이 나았다. 무엇보다 현수는 유령들의 등쌀에서 벗어나고 싶었다.

*

날이 밝으면서 창밖이 휘부윰했다. 몸에 남아 있는 달달한 느낌은 그대로인데 정신이 또렷해졌다. 현수는 천장과 벽지와 창문을 둘러보았다. 작은 냉장고에서 나는 위잉, 소리에 현수는 눈을 질끈 감았다. 그라인더 날이 튕겨 얼굴을 찍는 장면이 눈앞을 스쳤다. 현수는 신음을 삼켰다. 누가 됐든 고통스러워하는 모습을 보고 싶지 않았다. 그럴 일은 없을 것이다. 여기는 지하실이 아니라 고시원 건물이 몰려 있는 골목 안 여관이었다. 현수 옆에는 다솜이 잠들어 있었다. 동그란 이마에 머리카락이 흩어진 다솜의 얼굴을 보면서 현수는 조심스럽게 숨을 내쉬었다.

현수와 다솜은 새벽 여섯 시에 골목여관에서 나왔다. 새벽과 아침이 교차하는 4월 첫날의 공기는 자잘한 얼음알갱이가 섞인 듯 차가웠다. 현수는 해가 뜬 다음에 밖으로 나가자고 했는데 다솜이 여관에 불이라도 난 것처럼 서둘렀다. 다솜은 현수에게 직접 그려서 보여준 꼬마 야수처럼 심통이 난 척하고 있었다. 골목을 걸어 나오며 두 사람은 서로 부끄러워했다. 그 때문에 비죽비죽 웃음이 나올까 봐 심통이 난 척하는 것을 알고 있었으므로 현수는 속으로 웃었다.

현수와 다솜은 정류장 앞 편의점에서 따뜻한 두유를 앞에 놓고 나란히 앉아 거리를 내다보았다. 거리는 늘어나는 사람들과 차들로 잠깐잠깐 사이에 풍경이 바뀌었다. 풍경을 바꾸는 건 사람과 차와 가로수와 건물들만이 아니었다. 구름과 바람과 공기 속으로 스며드는 햇살과 건물 유리창에 반사되는 하늘과 먼지, 이파리 사이로 넘나드는 빛과 그늘이 시시로 서로를 간섭하면서 풍경을 이루었다. 개중 어떤 것들은 눈에 잡히는 게 아니라 머릿속에서 그려졌다. 착시처럼, 어떤 것들에 대해서는 속아 넘어가 주는 게 자연스러웠다.

"사람이나 풍경이나 적당한 거리에서 시간을 두고 보는 게 좋은 것 같아."

거리에 눈길을 둔 채 현수가 말했다.

"얼마큼이 적당한 거리인데?"

현수가 생각 없이 한 말에 다솜이 약간 뾰족한 투로 물었다.

"적당한 거리는, 글쎄, 서로 상처를 줄 수 없는 거리겠지."

다솜이 입술을 삐죽 내밀었다.

"그건 무지무지 먼 거리야. 상처를 줄 수 없는 거리는 상처를 입었을 때 도와줄 수도 없는 거리잖아."

풍경 속 어디선가 그라인더 날이 돌아가는 소리가 날아왔다. 현수가 숨을 훅 들이켰다.

"내가 요즘 변한 거 같지?"

현수가 물었다. 다솜은 두유를 내려놓고 입가를 꼼꼼하게 닦았다.

"나, 물어볼 게 있어."

"응, 뭐?"

"진작 물어보려고 했는데… 그저께부터 데린쿠유 카페 글이 안 보여. 카테고리 제목도 안 보이고… 왜 그렇지?"

"아, 미안! 거기 카테고리를 전부 비공개로 잠갔어."

글을 다 지워버렸다고 하는 게 간단할 테지만, 다솜에게 거짓말을 하고 싶지 않았다.

"음, 나 좀 황당하려구 그런다."

서운함이 밴 목소리로 다솜이 말했다.

"오빠 내가 그 카페에 들어가는 게 싫구나?"

"그게……."

그렇긴 했다. 다솜이 현수가 쓴 글을 읽으면서 카페를 돌아다니는 게 편치 않았다. 그곳은 말하자면 현수의 대나무숲이고, 대나무숲의 그림자가 드리워져 입구를 가려놓은 우물 같은 데였다. 어둡고 차갑고 축축한 그런 곳에 다솜을 끌어들인 건 실수였다. 현수는 다솜이 오직 맑고 밝고 따뜻한 양지의 사람이기를 바랐다.

"현수 오빠, 벌써 마음 변하고 막 그런 거야?"

"무슨 말도 안 되는 소리. 그런 거 아냐. 이게 내 일기장이나 마찬가지잖아. 진짜 창피한 내용도 적어놓고 그랬는데 다솜이 그걸 읽는 게 나 막 신경 쓰인단 말이야."

현수는 다솜의 말투를 흉내 내며 달랬다.

"그럼 마음 변하고 그런 거 아니지?"

"절대, 절대 아니지."

현수를 꼼짝달싹 못하게 만들어놓고서 다솜은 일곱 시쯤 버스를 타고 집으로 갔다. 다솜이 떠나고 풍경이 문득 팔 너비만큼 물러났다. 현수는 조금 전보다 자신이 보잘것없는 인간으로 느껴졌다. 변할 일이 절대 없다고 다솜을 안심시켰지만 현수는 자신이 조금씩 변하고 있다고 생각했다.

지하실 계단은 아침인데도 어둑어둑했다. 현수는 샌드위치와 커피가 든 편의점 봉지를 왼손에 옮겨 쥐고 지하계단을 내려갔다. 지하실 문은 어제 오후 현수가 잠가놓은 상태 그대로였다. 손잡이를 잠시 내려다보던 현수는 계단을 두 칸 올라가 환기창을 열었다. 나무가 삭아서 삐걱삐걱 소리가 났다. 창턱에 편의점 봉지를 올려놓고 그대로 계단을 밟아 올랐다. 현수는 서너 칸 올라서던 걸음을 멈췄다. 환기창 여는 소리를 들었을 텐데, 안에서 인기척이 없었다. 잠이 들었나. 현수는 계단을 도로 내려가 지하실 문을 두드렸다. 안에서는 아무 소리가 들리지 않았다. 한 번 더 두드리고 잠시 기다렸다. 사방이 조용했다. 자물쇠를 흔들었다. 분명히 잠겨 있었다.

현수는 계단 밑에 넣어둔 화분을 끌어내어 마른 화초와 잡석을 헤쳤다. 열쇠가 보이지 않았다. 현수는 허리를 펴고 다시 지하실 문을 두드렸다. 역시 기척이 없었다. 현수는 화분을 들고 거꾸로 뒤집어 흔들었다. 흙뭉텅이가 바닥에 떨어지며 퍽 깨지는 소리를 냈다. 쿵쿵하고 고약한 냄새가 풍겼다. 현수는 흙뭉텅이를 발로 밟아서 으깼다. 어둑한 공기를 타고 흙가루 먼지가 얼굴에 덮쳤다. 현수는 계단참까지 뛰어 올라갔다가 도로 내려왔다. 감지등이 켜져 있는 동안 부서진 흙덩이를 손으로 헤집고 더듬었다. 열쇠가 잡혔다.

지하실 안은 컴컴했다. 현수는 문 옆을 더듬어 스위치를 올렸다. 찬우는 보이지 않았다. 불빛 속에서 지하실이 낯설게 느껴졌다. 현수는 지하실을 빠른 걸음으로 가로질러 탕비실과 창고를 들여다보고 화장실로 갔다. 화장실 구석에 놔둔 공구 가방이 보였다. 그라인더와 다른 공구들이 가방 안에 가지런히 정돈되어 있었다. 타일 사이가 눅눅했던 벽에는 농구공만한 구멍이 뚫려 있고 방수테이핑을 해놓은 배관이 보였다. 주변 벽을 손으로 더듬었다. 벽은 말라 있었다.

화장실에서 나온 현수의 눈길이 창문에 가닿았다. 저 창문을 떼고 빠져나간 뒤 다시 끼워놓은 거라면… 현수는 고개를 저었다. 송찬우가 창문턱으로 뛰어올라 몸을 빼낸 뒤 계단 위에 착지를 하는 건 불가능했다. 몸을 반쪽으로 자르지 않은 다음에야.

어디로 갔을까. 잠가놓은 문을 따고 나갈 수는 없었을 텐데.

보이지 않는 송찬우의 존재가 이 공간 어딘가에 숨어 있기라도 한 것처럼 현수는 소리를 내어 중얼거렸다.

숨어들 방이 있으면 솟아날 구멍도 있는 거지. 놀랄 거 없어.

빈정거리는 것도 같고 다독거리는 것도 같은 찬우의 음성이 바로 옆에서 울렸다. 미세한 숨결이 스친 듯 목덜미가 근질거렸다. 송찬우는 스스로 이곳에 나타났다가 스스로 사라졌다. 달라진 건 없었다. 현수는 주변을 두리번거렸다. 천장에서 늘어뜨려진 거미줄도 그대로였다. 모든 게 그대로인데 지하실이 텅 빈 느낌이었다. 문득 현수의 눈이 커졌다.

현수는 창고 쪽으로 급히 갔다. 뒷문이 있던 곳 아래 자잘한 합판 쪼가리가 흩어져 있고 쥐가 파놓은 듯한 구멍이 있었다. 예전에 장씨 아저씨가 문손잡이를 떼어내고 합판으로 막아놓은 문이었다. 현수는 구멍에 손을 넣어 앞으로 힘껏 당겼다. 틈이 벌어지면서 문이 열렸다. 현수는 무릎을 구부리고 앉은 채 저도 모르게 웃음소리를 냈다.

지하실 불을 끄고 나가려던 현수는 걸음을 멈춰 섰다. 그 자리에 서서 현수는 귀를 기울였다. 물이 고이듯 침묵이 고였다. 이 건물 어느 곳에선가는 여전히 누수가 되고 있을 것이고, 침묵은 그것들과 섞여 흘러나갈 터였다. 그 모든 것들이 흘러가는 통로를 따라 검푸른 빛의 물결이 흐르고 있었다. 현수는 지하실을 나와 문을 닫았다.

작가의 말

3년 전 생계로 하던 일들을 끊었다. 혼자 하는 서울살이에
서 일을 끊는 건 인간관계의 단절과 사회적 고립을 자초하는
짓이지만 그렇게 했다. 내 체력으로 일을 하면서 글을 쓰는
건 불가능했다.

쓰고 싶은 게 있었다. 비문증과도 같이 마음속을 떠다니는
것들, 들여다보려 하면 깜박 사라져 숨어버리는 정체불명의
어떤 것들에 대해 쓰고 싶었다. 무형의 상처를 낙인으로 찍으
며 고통의 느낌만 몸 안에 흘려보내는 저 질긴 것, 기억들이
있었다. 숨어 있으되 꺼내주길 기다리는 기억과 말을 끄집어
내고 싶었다.

볼 빨간 사춘기나 심장이 팔팔하고 뜨거운 20대라면 모를
까, 50대도 중반을 지난 나이에 곤두박질쳐대는 말의 수인들
을 가두고 있다는 건 곤란하고 고마운 일이었다. 함부로 풀어
놓을 수는 없었다. 타협을 봐야 할 시점이었다. 형상을 갖추어
준 뒤에라야 타협을 보든 뭘 하든 할 수가 있었다. 쓰고 싶은
게 있었던 게 아니라 써야만 하는 무엇이 있었던 게다.

스스로를 고립시키고, 소설이라는 배에 내 전 존재를 실어
세상에 띄워보리라 각오는 대단했지만 나는 노트북 앞에서

두 달 가까이 부글거리기만 했다. 기억의 통로에는 잡생각이 끼어들었고, 나도 잘 모르는 마음속 두려움이 눈꺼풀을 닫듯 통로를 막았다. 오래된 슬픔과 분노와 서러움의 기억들은 부글거리며 괴어오르다 꺼지고 부글거리다 꺼지곤 했다.

포기는 안 했다. 아침에 일어나면 오늘 하루의 통증을 없애줄 약을 한줌 털어 넣고 도서관으로 갔다. 오전에는 책을 읽었다. 구내식당에서 밥을 먹고 오후에 글을 썼다. 글이 되든 안 되든 자리를 지켰다. 도서관 디지털실이 문을 닫는 저녁 6시에 가방을 챙겨 나왔다. 한 시간에서 두 시간 정도 한강으로 연결되는 홍제천을 걷거나 경의선 숲길을 걸었다.

경의선 숲길의 시작점인 책거리를 지날 때면 '읽고 쓰고 걸었다. 보람된 하루였다'는 글귀를 적어놓은 책방 창문에 매번 눈길이 머물렀다. 나 역시 하루하루를 읽고 쓰고 걸으면서 이 소설을 썼다. 쓰고 고치고 다시 쓰고 고쳤다. 소설의 시간과 일상의 시간이 손을 잡고 흐르는 것처럼 편안해졌다. 나는 조금씩 더 솔직해졌고 고여 있던 시간 속의 나와 손을 맞잡았다. 서로를 맞잡고 끌고 끌리며 싸웠고, 나를 못살게 굴던 것들을 현실 속으로 끌어냈다.

고백건대 결말을 향해 가면서 용서와 화해로 방향을 트는 것이 쉽지 않았다. 마음의 사지를 꺾는 결단에 응원을 보내준 남상순 선생님께 이 자리를 빌려 감사를 드린다. 소설에 대한 열정을 잃지 않도록 격려해주신 동인의 조동선 선생님과 문우들에게도 고마움을 전한다.

2017년 봄을 보냈던 '글을낳는집'이 생각난다. 마당으로 창이 난 방에서 영양가 많은 세 끼 밥상을 받으며 세상 편하게 글을 썼다. 감사한 일이다. 글을 쓰는 동안 후배이며 벗인 한은희에게 받은 위로가 힘이 됐다. 본인은 몰랐겠지만 아슬아슬하게 살고 있던 나를 몇 번인가 금 안으로 끌어들였다.

소설집 『내게 없는 미홍의 밝음』에 이어 이번 소설 『데린쿠유』까지 맡아서 애써준 윤은미 편집자와 책을 내자고 제안해준 산지니 출판사에 진심으로 감사드린다.

답답할 정도로 도덕적이었고 경위 바르게 인생을 꾸려온 두 분, 엄마와 아버지에게 사랑과 고마움을 담아 이 책을 바친다.